Klaus Bertelsmann

FASZINATION FARBE

Der Weg zum meditativen Malen

Ein Werkbuch der Aquarellmalerei

Christophorus-Verlag Freiburg

INHALT

EINFÜHRUNG

Versuchen Sie, die Verwandlungen eines Bildes ohne Ehrgeiz geschehen zu lassen und an die Stelle von Bewältigung absichtslose Verbindung zu setzen. Das ist der erste Schritt zum meditativen Malen.
Wenn Sie aus der leistungsbetonten Spezialisierung Ihres Alltags zurückkehren zu einer Welterfahrung, in der – wie im Gleichnis meditativer Malerei – die Dinge ohne ehrgeizige Abgrenzung in Harmonie verbunden sind, dann reicht das über die Aneignung von Maltechniken hinaus.
Sie folgen dem Ausblühen einer Farbe bis in die feinsten Verästelungen, ohne in den physikalischen Prozeß der Pigmentverteilung ständig einzugreifen.
Sie ziehen eine leuchtend blaue Spirale über das nasse Papier, und der Formimpuls beginnt, sich im Bildraum auszubreiten. Sie sehen das Ineinanderfließen von Rot und Blau schließlich nicht nur als Mischung zu Violett, sondern zugleich als Zeichen für Verwandlung im Mikrokosmos der Bildfläche. Damit sind unmittelbare sinnliche Erfahrungen verbunden. Rationale, analytische Annäherungen an Farben, Stoffe, physikalische und psychische Zustände werden durch meditative Identifikation ergänzt. Dadurch gewinnen Sie Ihre Sensibilität für den Pulsschlag des Lebendigen zurück, für Punkt und Fächerung, Gerade und Kurve, Formballung und -auflösung, für das Verhältnis zwischen energetischer Konzentration und Fächerung.
Jede künstlerische Gestaltung hängt in überwiegendem Maße von der Fähigkeit ab, eine Auswahl zu treffen, das heißt, den Zeitpunkt zu erkennen, wann sich bestimmte Ausdrucksmuster eingestellt haben.
Annehmen, Stehenlassen oder Verwerfen, das ist dann die Frage. Zu Tode gequälte dilettantische Pinseleien beweisen die verbreitete Unfähigkeit zu solchem Erkennen, und sie reicht bis in die illustren Ränge der professionellen Kunstszene.
Das isolierte Einsetzen einer Form wird also beim meditativen Malen und Zeichnen durch die Verbindung mit dem Rhythmus, dem Maß der Natur, abgelöst; beides zeigt sich im Wachstum einer Pflanze ebenso wie im menschlichen Körperausdruck und im physikalischen Verhalten von Farbstoff und Wasser auf einem Bogen Aquarellpapier. Dabei weicht gestalterische Kompetenz nicht dem bloßen Zufall. Indessen opfern wir getrost die Begnadungsaura der Künstlerperson zugunsten einer erlernbaren Wahrnehmungsfähigkeit.
Einmal aus der Tiefe meditativer Absichtslosigkeit gestärkt, kann man auch konkrete künstlerische Aufgaben so lösen, daß sie Entfaltungsräume darstellen für die selbstverständliche Vitalität des Natürlichen. Exakte Formanalyse, technische Präzision sollen hier nicht abgewertet werden; sie büßen lediglich ihre augenblickliche absolute Dominanz ein.
Die meditativen Malübungen beginnen – nach vorausgegangener vorbereitender Konzentration – mit einfachen Farbkernen, Spiralformen, Fächerungen und Kreisen. Im Verlauf des Malens finden wir Urgesten der Natur wieder, formale und farbige Elemente, aus denen sich komplexe Wirklichkeit aufbaut. Die ursprünglichen „Vokabeln" der sichtbaren Welt sind oft unter der Oberfläche glatter Gegenständlichkeit verborgen oder sie sind in kaum noch überschaubare Zusammenhänge integriert. Die meditativen Malübungen lassen

nicht zuletzt einfache Ausgangspunkte für die imposante Peripherie menschlicher Zivilisation wiedererkennen. Wir gewinnen ursprüngliche Substanz zurück; ohne sie sind Ordnung und gestalterische Regeln ohnehin sinnlos.
Den Basisübungen folgen differenziertere Themen, aber immer hat die Direktheit einer Formgeste Vorrang. Alle Übungsmodelle sind grundsätzliche Beispiele für Farb- und Formwirkungen: Meereslandschaften, strenge Horizonte, dazu im Kontrast sich verwandelnde weiche Wolken, bewegtes Wasser, – alles soll Sie an die Quelle eigener Bilderinnerungen zurückführen.

MEDITATIVES MALEN – UNTERSCHIEDE ZUR TRADITIONELLEN MALPRAXIS

- *Der erste Ansatz gilt der meditativen Verbindung mit dem Vorgang des Malens, mit der Verwandlung von Farbe und Form im Mikrokosmos der Bildfläche. Das physikalische Verhalten der Farbe im Medium Wasser, die Entstehung von Übergängen, Verbindungen und Kontrasten, – das bedeutet auch meine eigene Loslösung von leblosen Regeln und verzichtbaren Vorgaben und Auflagen.*

- *Weiter geht es um die Einfachheit der gewählten Themen. Sie beziehen sich auf Kerne, auf Urformen des Lebendigen. Dort, wo mein Bewußtsein selbst über einen Formimpuls, eine Farbmischung entscheidet, wendet es sich von der Peripherie aufgespaltener oder komplex verschlüsselter Bildvorstellungen ab und der Mitte der Erscheinungen zu: Eine Spiralform, eine radiale Strahlung, ein Bogen, eine Waagerechte sind Bausteine der natürlichen Formsysteme.*

- *Über das meditative Malen und Zeichnen kann ich ein neues Natur- und Weltverständnis erhalten und in mir wachsen lassen, das sich eben nur in der Verbindung und nicht in verbalen Auseinandersetzungen manifestieren kann.*
  Die rationale Analyse verbindet sich mit der sinnlichen Erfahrung zu einer Einheit – ich gelange so zu einer ganzheitlichen Weltsicht.

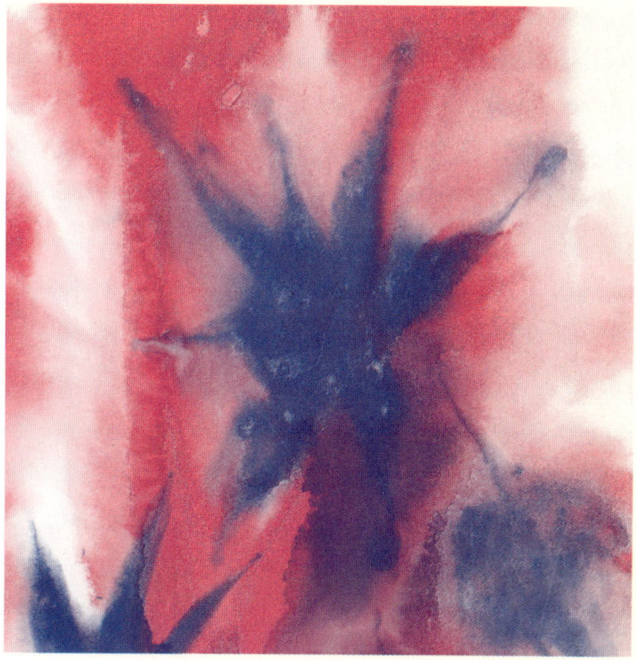

ÜBUNGSBEISPIEL SEITE 5
Größe des Originals 295 x 295 mm

Wassergetränktes mattes Aquarellpapier, Aquarell- oder Temperafarbe (Preußischblau), 3 cm breiter Ringpinsel.
Nach einer Phase der körperlich-geistigen Konzentration (siehe Seite 8) wird der mit Farbe in kräftigem Sättigungsgrad gefüllte Pinsel senkrecht aufgesetzt.
Aus diesem energetischen Punkt entsteht in einer entschlossenen Bewegung die Kraftlinie der Spiralform. Begleitstrukturen ergeben sich durch das Ausblühen der Farbe auf der nassen Papierfläche. Durch Abtupfen mit einem Maltuch und wiederholtes Nachziehen der Gesamtform mit dem ausgespülten und abgetrockneten Pinsel erreichen Sie weitere Modulationen. Mißlingt die Formgeste, können Sie das Papier unter fließendem Wasser abspülen und den Malvorgang wiederholen.

ÜBUNGSBEISPIEL OBEN
Größe des Originals 180 x 190 mm

Wassergetränktes mattes Aquarellpapier, Aquarell- oder Temperafarben (Krapplack, Ultramarin dunkel), Aquarellpinsel Größe 12.
Mit dem waagerecht aufgelegten Pinsel wird verdünntes Krapprot über die ganze Bildfläche gezogen. Teils wird die Farbe wieder abgetupft, teils wird Wasser aufgetropft, um weiche Übergänge zu erzielen.
Der Formkern aus dunklem Ultramarin wird mit senkrecht gehaltenem, zur Spitze geschlossenem Pinsel in das feuchte Rot eingesetzt, danach wird die Sternform von innen nach außen bei abnehmendem Papierkontakt gezogen. Beginnen Sie mit solchen Übungen, wie ab Seite 14 erläutert.

DIE KÖRPERLICH-GEISTIGE VORBEREITUNG DER MEDITATIVEN MALÜBUNGEN

Eine entspannte, aber konzentrierte Körper- und Geisteshaltung ist die Voraussetzung für meditatives Malen und Zeichnen. Dies habe ich in meinem Buch „Der Weg zum meditativen Zeichnen", erschienen 1987 im Christophorus-Verlag, bereits ausführlich dargelegt. Den meditativen Malübungen muß eine Phase der Konzentration auf die eigene Mitte vorausgegangen sein. Nur in völliger Ruhe, allen äußeren Beeinflussungen entrückt, kann die Verbindung mit dem jeweiligen Thema gelingen.
Die Malübungen selbst richten sich in erster Linie auf die fundamentale Beschaffenheit natürlicher Formbildungen, selten auf abgegrenzte einzelne Erscheinungen; sie sind also eine Anleitung zu elementarem Sehen und Gestalten. Da ich Ihnen die Gegenstände Ihrer malerischen Meditation weder vorschreiben kann noch will, bitte ich Sie, die in diesem Buch vorgestellten Beispiele in freundlicher Offenheit als Anregungen für den Weg, nicht für das einzelne Ergebnis Ihrer meditativen Welterfahrung anzunehmen. Dabei hoffe ich, daß die folgenden Seiten wesentliche, alle Vereinzelungen übergreifende Formmuster der Natur zu demonstrieren vermögen.
Die Übungen werden sich nicht zuletzt Ihrem Körperbewußtsein, Ihrem rhythmischen Empfinden einprägen. In der Kontemplation einer natürlichen Formgeste kommt es darauf an, von der rationalen Konfrontation zur inneren Verbindung vorzudringen, das heißt, das Spannungsverhältnis zwischen Ich und Objekt verändert sich zu völligem Einklang, in dem es keine Wertungen, keine Bewältigungsansprüche mehr gibt.
Üben Sie Geduld mit sich und den Dingen, indem Sie zum Beispiel das Bild einer Pflanze bis zur inneren Verbindung meditieren. Es geht darum, hinter geschlossenen Lidern den Typus, die unverwechselbare Gestalt organischer und kristalliner Strukturen zurückrufen zu können.
Diese Art des Wahrnehmens bedarf der ständigen Übung. Versuchen Sie zum Beispiel vom Aufstehen bis zum Zubettgehen jede, wie immer einfache Handlung in völliger geistig-körperlicher Zentriertheit auszuführen. Sie sitzen, Sie gehen, Sie arbeiten und sind zu jeder Sekunde ganz gegenwärtig, ohne Vor- und Nachgedanken ausschließlich auf die Erfahrung des Augenblicks ausgerichtet. Üben Sie in einem vertrauten und gut aufgeräumten Raum. Die Malutensilien legen Sie in übersichtlicher Ordnung aus. Versuchen Sie, alle ablenkenden Gedanken durch tiefes Atmen, An- und Entspannung der Muskeln auszuschalten. Halten Sie während der Übungen festen Bodenkontakt mit beiden Füßen (keine Stand- und Spielbeinhaltungen!). Suchen Sie Ihre körperliche Mitte, pendeln Sie das absolute Gleichgewicht aus. Nur so kann die Verbindung mit einer Formgeste gelingen. Beginnen Sie dann jeweils mit den auf den Seiten 14 bis 18 gezeigten bildnerischen Konzentrationsübungen, die gleichzeitig dazu dienen, mit den Malutensilien vertraut zu werden, die Eigenschaften der verschiedenen Pinsel zu erproben, bis ihre Handhabung zur Selbstverständlichkeit geworden ist. Richten Sie Ihre Aufmerksamkeit ganz auf den Vorgang des Malens, keinesfalls auf das Erreichen genau vorformulierter Ziele.

Abbildung Seite 9:
Ablenkende Gedanken, Nervosität durch tiefes Atmen ausschalten. Die Körpermitte bei geschlossenen Augen ausbalancieren.

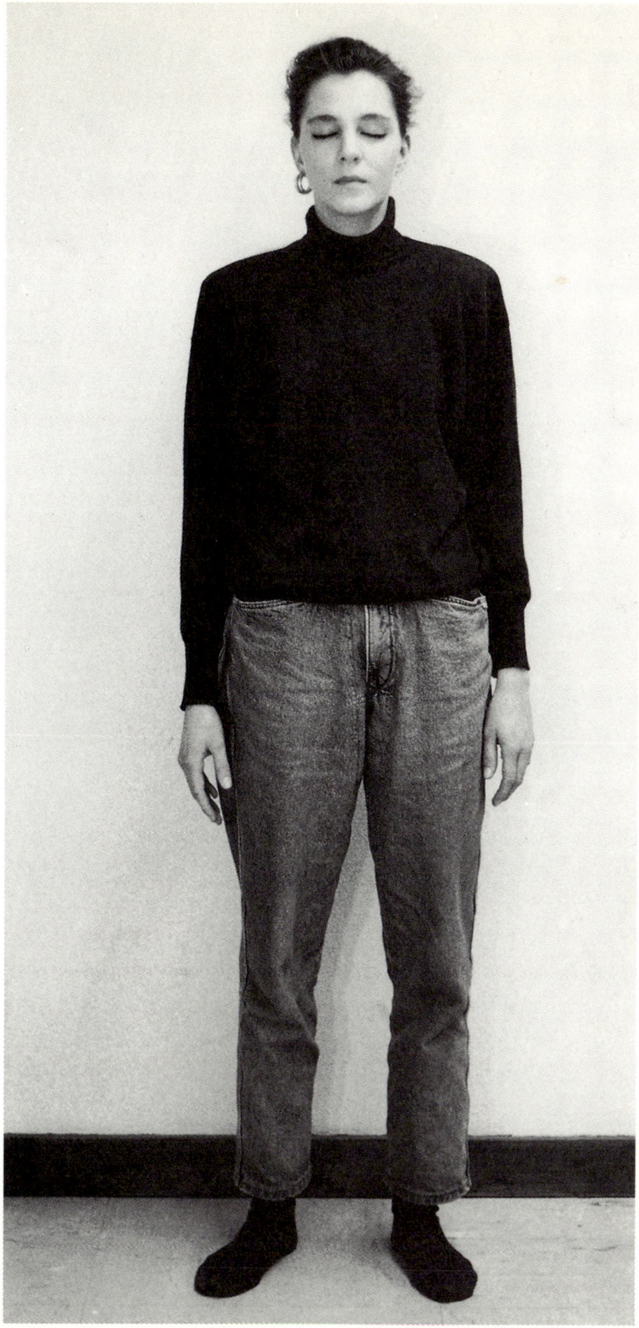

TECHNISCHE HINWEISE

FARBEN: Wir verwenden Aquarell- und Temperafarben (vorzugsweise Tuben). Für fast alle Mischungen reicht die folgende Palette:

Weiß:	*Deckweiß, Blanc de Chine*
Gelb:	*Cadmiumgelb hell und dunkel, Ocker*
Rot:	*Cadmiumrot hell und dunkel, Krapplack*
Blau:	*Ultramarinblau dunkel, Preußischblau, Kobaltblau*
Grün:	*Chromoxydgrün feurig*
Braun:	*Umbra natur und gebrannt, Terra di Siena, Sepia*
Schwarz:	*Elfenbeinschwarz (auch Tusche und Scribtol)*

MALMITTEL: Dem Wasser zum Verdünnen der Farben können wir etwa 5% einer Gummiarabicum-Lösung (Pulver, das mit heißem destillierten Wasser aufgelöst wird) von sirupartiger Konsistenz zusetzen. Damit gleichen wir den Bindemittelverlust bei stark verdünnten Farben aus.
Zum Festhalten von Bewegungsrhythmen grundieren wir das feuchte Aquarellpapier vorher mit Tapetenkleister oder mischen diesen unter die Aquarell- beziehungsweise Temperafarbe.

STIFTE/KREIDEN/WACHS: Für zeichnerische Vorübungen benutzen wir weiche Bleistifte, Öl- und Wachskreiden. Einfarbige Flächen lassen sich mit hellen wasserfesten Wachskreiden oder Stearinblöcken, auch Kerzenresten strukturieren, dies bewirkt ein Absprengen der wasserlöslichen Farbe.

Wachskreide, Aquarellpinsel, Ringpinsel, Flachpinsel (Modler), Borstenflachpinsel, (von links nach rechts).

MALGRUND: Ingres-, Bütten- oder Aquarellpapiere mit nicht zu rauher Oberfläche, etwa in DIN-A3-Größe, einfaches Skizzenpapier für Vorübungen. Für die Naß-in-Naß-Technik weichen wir das Aquarellpapier in Wasser (in einer großen Entwicklerschale etc.) ein, dem wir etwas Gummiarabicum-Lösung zusetzen. Dadurch erreichen wir glatt aufliegende wassergesättigte Papiere.

UNTERLAGE: Eine Glasplatte, etwa ein drittel größer als das Aquarellpapier, dient als wasserfeste Unterlage.

GEFÄSSE: Große Wassergefäße, Näpfe, Porzellanpaletten, Teller oder Glasplatten zum Anmischen der Wasserfarben.

TÜCHER: Mallappen und Papiertücher sollten immer bereit liegen.

PINSEL: Aquarellpinsel mit Kunsthaar- oder Rotmarderhaarbesatz in den Größen 12 bis 20, je größer, umso besser; für feine bis kräftige an- und abschwellende Linien senkrecht halten, für größere Flächen schräg bis waagerecht aufsetzen. Ringpinsel in 2 bis 3 cm Breite für Farbwolken, runde Formsetzungen und zum Strukturieren größerer Flächen. Flachpinsel, sogenannte Modler in 2 bis 4 cm Breite für geometrische Formen, große Flächen, Horizonte, auch zum Abtupfen überschüssiger Farbe. Borstenflachpinsel, wie für die Ölmalerei üblich, von 0,5 bis 3 cm Breite für gleichmäßige Konturen und abgegrenzte Flächenformen.

Konzentrierte Körperhaltung,
Pinselführung aus der Körpermitte heraus,
sind Voraussetzung
für meditatives Malen.

KORALLENBAUM
Größe des Originals 305 x 430 mm

Mattes Aquarellpapier, wasserfeste Wachsmalkreide (rosa, hellrot), Aquarellfarben (Krapplack dunkel, Preußischblau, Chromoxydgrün feurig, Umbra gebrannt), Aquarellpinsel 12 bis 16. Zeichnen Sie eine einfache, von unten nach oben wachsende Formfächerung (vgl. Skizze unten), indem Sie die wasserfeste Wachskreide auf dem trockenen Aquarellpapier auflegen und mit gleichmäßigem Druck führen. Diese Vorzeichnung dient als Formgerüst für das Aquarell; die hellen Kreidestrukturen tauchen später aus den dunkleren Aquarellfarben durch Absprengwirkung wieder auf. Legen Sie das Aquarellpapier jetzt in die Wasserschale, bis es mit Wasser gesättigt ist und ohne Blasen zu werfen auf der Glasplatte ausgebreitet werden kann.
Verteilen Sie stark verdünnten Krapplack über die gesamte Bildfläche. Halten Sie den Pinsel dabei fast waagerecht zum Papier, was ein großzügiges Arbeiten ermöglicht.
Grenzen Sie die Form des Korallenbaums, die von der unterlegten Wachskreidenskizze durchaus abweichen kann, durch eine Mischung aus Krapplack dunkel, Preußischblau und etwas Chromoxydgrün (alles kaum verdünnt) ein. Für die Sternformen der Korallentierchen fügen Sie dieser Mischung etwas Umbra gebrannt hinzu. Tupfen Sie überall dort, wo Helligkeiten aufleuchten sollen, die Farbe mit dem Maltuch ab. Gießen Sie Wasser auf die Papierfläche, um immer neue fließende Farbmischungen einzustellen. Lassen Sie das Bild auf einer Glasplatte oder einer anderen wasserfesten Unterlage liegend trocknen. Eine nicht zufriedenstellende Arbeit können Sie unter fließendem Wasser korrigieren, teilweise oder ganz löschen und auf dem gleichen Papier wiederholen.
Sie können ein solches Aquarell auch mehrere Tage in einer Schale mit Wasser liegenlassen, dem Sie etwas Gummiarabicum zugesetzt haben.
Beim Herausnehmen werden Sie dann oft feststellen, daß das freie Spiel der physikalischen Kräfte die Farbpigmente zu neuen faszinierenden Mustern zusammengefügt hat.

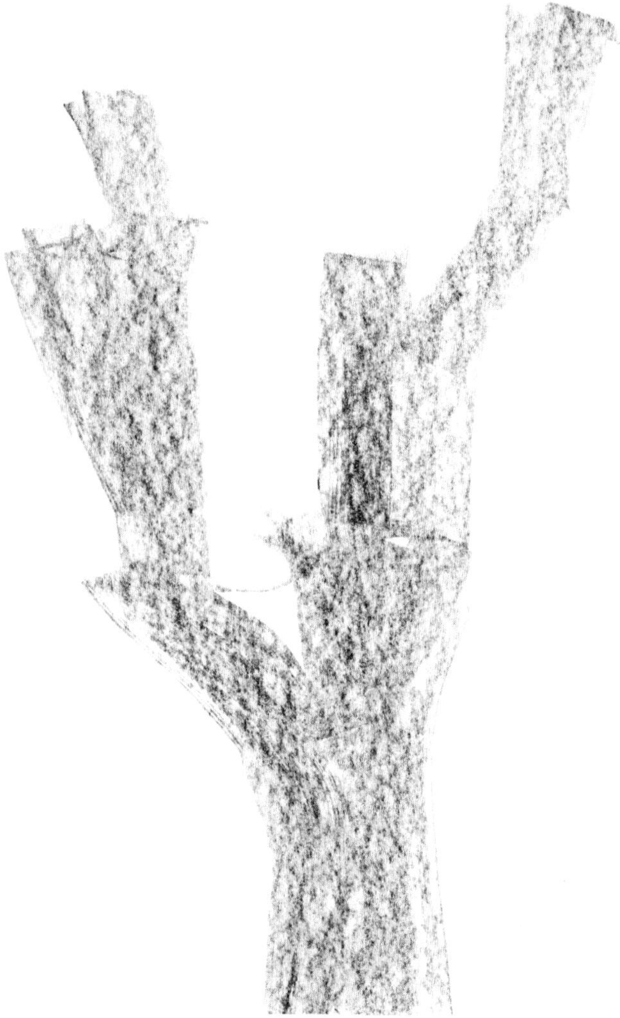

Übungsbeispiel zum Thema Formfächerung

Zeichnerische Vorübungen

Alles Sichtbare setzt sich aus senkrecht-waagerechten, diagonalen und konkav-konvex gebogenen Strukturen zusammen. Diese Bausteine der optischen Wirklichkeit werden in komplizierten Formbildungen heute von vielen Menschen nicht mehr als das jeweilige Charakteristikum einer Landschaft, einer Pflanze, eines Gesichtes etc. erkannt.
Verwirrt von der Vielfalt der Kombinationen fehlt ihnen die Fähigkeit zur Abstraktion, zur Reduktion auf das Wesentliche.
Die zeichnerischen Vorübungen dienen dazu, die oben erwähnten Formelemente zu erkennen und zu vertrauten Ausdrucksmitteln werden zu lassen.

A

ERPROBUNG DER WERKZEUGE

Mit den folgenden Beispielen beginnen die Übungen in konzentrierter Köperhaltung und zum Kennenlernen der verschiedenen Pinsel. Jede Bewegung erfolgt aus der Körpermitte heraus.

ABBILDUNG A
Größe des Übungsblattes 325 x 420 mm, verdünnte schwarze Aquarellfarbe, großer Aquarellpinsel. Befestigen Sie das Malpapier auf einer Sperrholzplatte, einem Reißbrett oder unmittelbar auf dem Maltisch, damit es nicht verrutschen kann.
Füllen Sie den Pinsel mit der stark verdünnten Farbe. Achten Sie darauf, daß er eine geschlossene Spitze bildet.
Halten Sie den Pinsel senkrecht über der unteren Papierkante, und führen Sie ihn einige Male in der Luft über dem Papier in einer schnellen entschlossenen Bewegung nach oben. Halten Sie Handgelenk und Arm dabei ruhig. Die Bewegung erfolgt mit dem ganzen Körper aus der Körpermitte heraus.
Setzen Sie jetzt den Pinsel mit leichtem Druck unten auf das Papier, und schieben Sie ihn ohne abzusetzen nach oben. Heben Sie ihn vom Papier ab, nachdem Sie den Auflagedruck verringert haben.
In einem zweiten Schritt setzen Sie an der Oberkante des Papiers an, und ziehen den Pinsel in gerader Linie nach unten.
Für Übungen dieser Art können Sie auch einfaches helles Packpapier oder Zeitungspapier verwenden.

ABBILDUNG B
Mit den gleichen Arbeitsmitteln setzen Sie die Übung fort durch waagerechte, von links nach rechts entwickelte geschwungene Striche, die mit wechselndem Auflagedruck gezogen werden. Bei den breiten Formen den Pinsel schräg aufsetzen.

B

A

ABBILDUNG A

Bei diesen Übungen – immer auf möglichst großen Papierbögen – wird der große Aquarellpinsel schräg geneigt gehalten. Setzen Sie ihn in etwa 1 cm Breite flach auf, und ziehen Sie ihn von links nach rechts, von oben nach unten und umgekehrt.

Bei den schmalen parallelen Begleitlinien halten Sie den Pinsel aufrecht und malen mit geringem Auflagedruck. Verwenden Sie stark verdünnte Tempera- oder Aquarellfarbe.

ABBILDUNG B

Waagerechte und diagonale Strichführung mit Borstenflachpinseln in verschiedenen Breiten. Üben Sie parallele Striche in gleichmäßiger ruhiger Bewegung. Oben: mit 3 cm breitem Modler (für großflächiges Arbeiten) gezogene Linien. Unten: Ergebnis mit 2 cm breitem Ölmalpinsel (Borstenflachpinsel), einmal in voller Breite, einmal nur mit der Kante aufgesetzt.

ABBILDUNG A
Größe des Originals
305 x 305 mm

Übungsblatt zur Erprobung verschiedener Ausdruckswirkungen des Aquarellpinsels, verdünnte Aquarellfarbe oder Tempera auf Aquarellpapier. Für die sehr breiten flächigen Formen oben rechts und unten links wird der Pinsel in voller Länge waagerecht zum Papier aufgesetzt und nach rechts bzw. nach oben geschoben. Geschwungene Flächenformen (vgl. Bildmitte und den Baum unten) entstehen in konkav-konvexer Strichführung. Für die Blattformen den Pinsel senkrecht aufsetzen. Der Stiel entsteht bei geringem gleichmäßigen Auflagedruck. Dann den Pinsel voll aufsetzen, nach außen ziehen, Druck verringern, den Pinsel wieder zur Spitze schließen lassen und vom Papier abheben.

Nehmen Sie diese Beispiele zum Anlaß vieler eigener Versuche. Probieren Sie Striche, Flächenformen, Tupfer etc. bei wechselnden Pinselhaltungen und unterschiedlichem Auflagedruck aus, so daß Sie bei den späteren meditativen Malübungen ohne zu zögern auf entstehende Strukturen reagieren und Form- und Farbakzente setzen können. Sie entwickeln so ein „bildnerisches Alphabet" wie Herbert Read es bezeichnet hat, das Sie schließlich so mühelos beherrschen wie Sprache oder Geste.

A

B

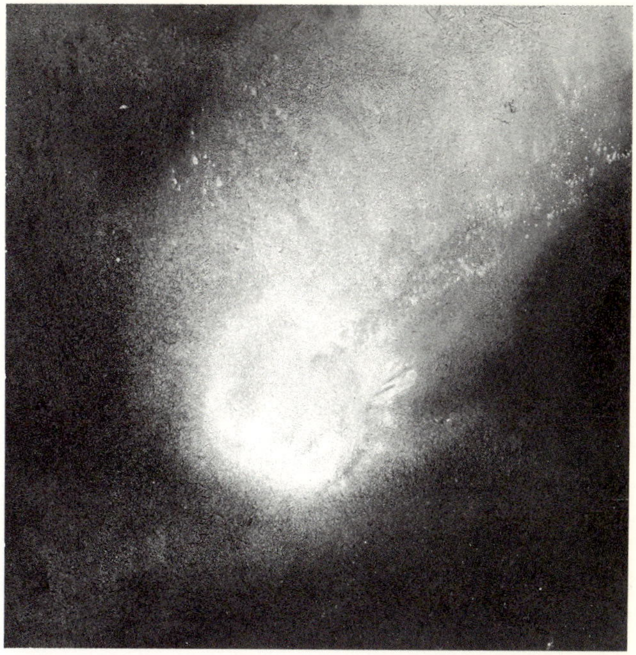
C

ABBILDUNG B, Formkerne
Größe des Originals 400 x 400 mm

Verdünnte schwarze Aquarellfarbe, großer Aquarellpinsel. Das Aquarellpapier, wie auf Seite 10 beschrieben, einweichen. Auf das nasse Papier Formkerne setzen mit runder bis spindelförmiger dynamischer Tendenz in diagonalen Richtungsverläufen. Die Formmuster erinnnern an Wolken, an Fische und andere organische Erscheinungen. Zielgerichtete Bewegung entsteht durch die Reihung gleichlaufender Striche.

ABBILDUNG C, Sternnebel
Größe des Originals 400 x 400 mm

Aquarell- oder Temperafarben (Schwarz mit Ultramarin gemischt), Deckweiß, großer Ringpinsel. In die nasse dunkle Grundierung mit dem Ringpinsel leicht verdünntes Deckweiß durch ein feinmaschiges Sieb sprühen. Auf die runde Form des Lichtkerns achten, in dem sich die weiße Farbe konzentriert. Um den Richtungsverlauf der Formentwicklung etwas zu steuern, heben Sie das nasse Aquarellpapier an der unteren Kante an.

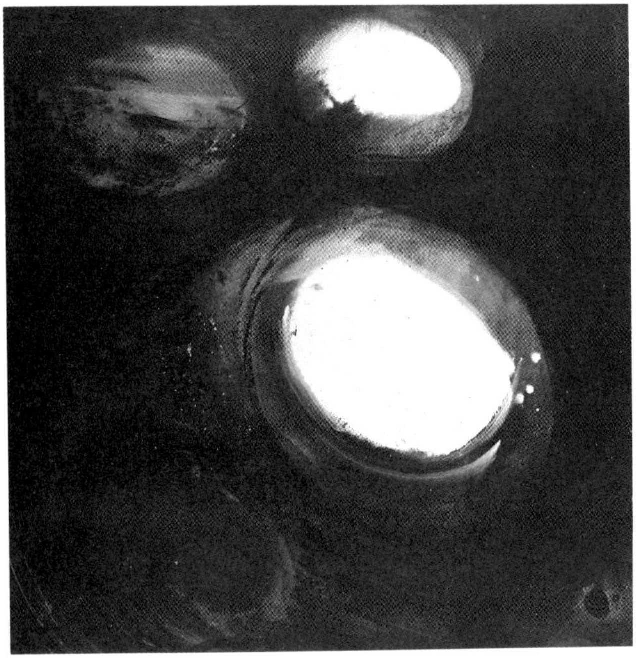

A

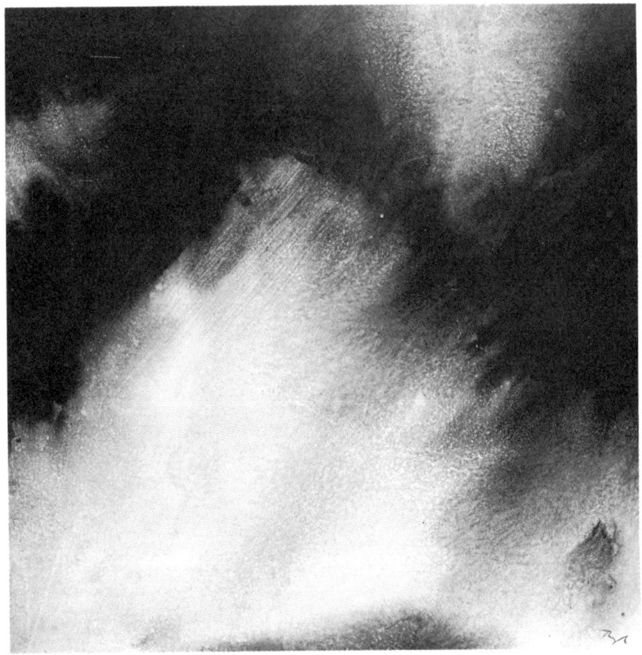

B

ABBILDUNG A, URFORMEN
Größe des Originals 400 x 400 mm

Aquarellfarben (Schwarz, Ultramarin), Deckweiß, großer Aquarellpinsel und Modler.
Das Schwarz zu einem sehr hellen Grauton verdünnen und das nasse Aquarellpapier damit grundieren. Die hellen Formen mit konzentriertem Deckweiß einsetzen oder durch Abtupfen der grauen Grundierung einstellen (weniger körperhafte Wirkung durch das Durchschimmern des Papiergrundes).
Den Hintergrund danach abdunkeln durch eine Mischung aus Ultramarin und Schwarz.
Bei dieser Übung darauf achten, daß sich über die geschlossene Form hinaus nicht zuviel Deckweiß in der Bildfläche ausbreitet. Gegebenenfalls abtupfen und erneut blauschwarz abdecken.

ABBILDUNG B, FORMTRENNUNG
Größe des Originals 400 x 400 mm

Der Malgrund ist hier ein sehr rauhes Aquarellpapier, das wie bei Abbildung A grundiert wird. Die hellen Formelemente durch eine dunkle Mischung aus Schwarz und geringem Blauanteil (Ultramarin) abgrenzen. In die fließenden Farbübergänge nur da eingreifen, wo die beiden Grundformen ihren dreieckigen Charakter zu verlieren drohen.
Diese Bilder sind Parabeln für die erste Konkretisierung der Form aus dem Chaos, Chaos hier als „Urstoff, aus dem die Welt hervorgeht" verstanden.

C

ABBILDUNG C, GELBE STRAHLUNG
Größe des Originals 295 x 295 mm

Aquarellfarben (Cadmiumgelb hell und dunkel), breiter Borstenflachpinsel. Das Aquarellpapier liegt ohne Falten und Blasen, mit Wasser gesättigt auf der Glasplatte. Die Papieroberfläche ist mit einem gleichmäßigen Wasserfilm bedeckt, gegebenenfalls sonst zusätzlich mit Wasser beträufeln.
Das Cadmiumgelb auf der Palette mit Wasser geschmeidig machen und mit dem breiten Flachpinsel in ruhiger konzentrierter Bewegung von links nach rechts am unteren Rand des Blattes auftragen (waagerechte Pinselführung).
Das gelbe Pigment strahlt in abnehmender Farbkonzentration in den Bildraum aus. Bei langer Betrachtung beginnt das Auge, Landschaften, Wolkenformationen, wechselnde Bewegungen wahrzunehmen.
In meditativer Ruhe führt der Farbimpuls zu immer neuen Assoziationen.
In einem weiteren Schritt setzen Sie an der oberen Papierkante eine Kontrastfarbe hinzu. Durch Anheben des Papiers lassen sich die Farbmischungen beeinflussen.
Sie können die Farbe auch in diesem Fall unter fließendem Wasser abwaschen und den Malvorgang wiederholen.
In weiteren Übungen können Sie die Wirkung aller Farben erproben, die Ihnen zur Verfügung stehen.

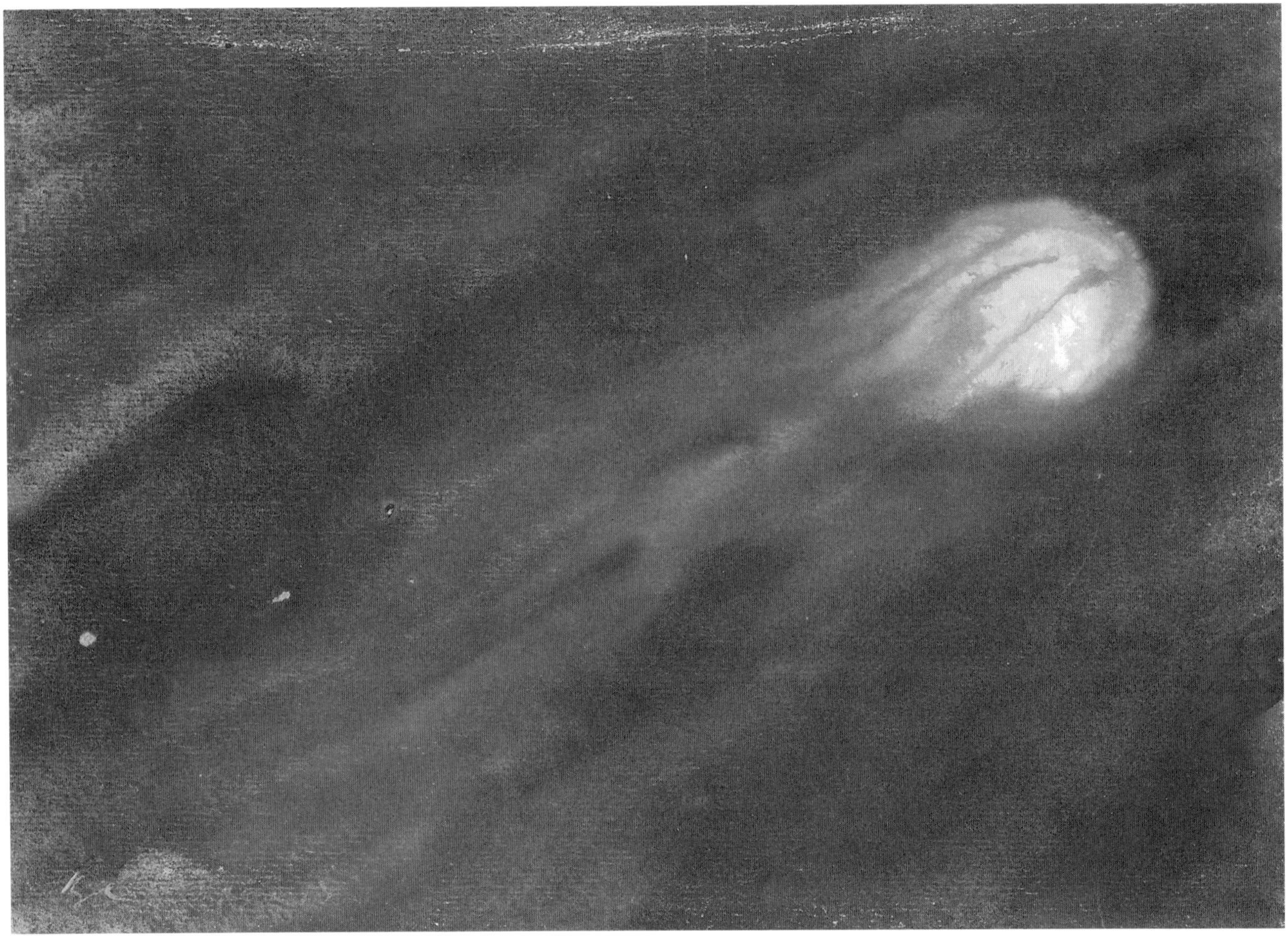

LICHTKERN
Größe des Originals 205 x 145 mm

Aquarell- oder Temperafarben (Preußischblau, Schwarz), Deckweiß, Borstenflachpinsel, Aquarellpinsel. Das nasse Aquarellpapier mit einer Mischung aus Preußischblau und etwas Schwarz dunkel grundieren. Die Helligkeitskonzentration mit dem Aquarellpinsel in Deckweiß in das rechte obere Drittel des Bildes setzen. Durch Drehen des Pinsels die Form rund schließen und nach unten durch Anheben der rechten oberen Papierkante ausfließen lassen.
Aus der Bildmitte gerückt, schafft der Lichtkern eine asymmetrische kompositorische Spannung des Bildes und verstärkt die räumliche Wirkung.

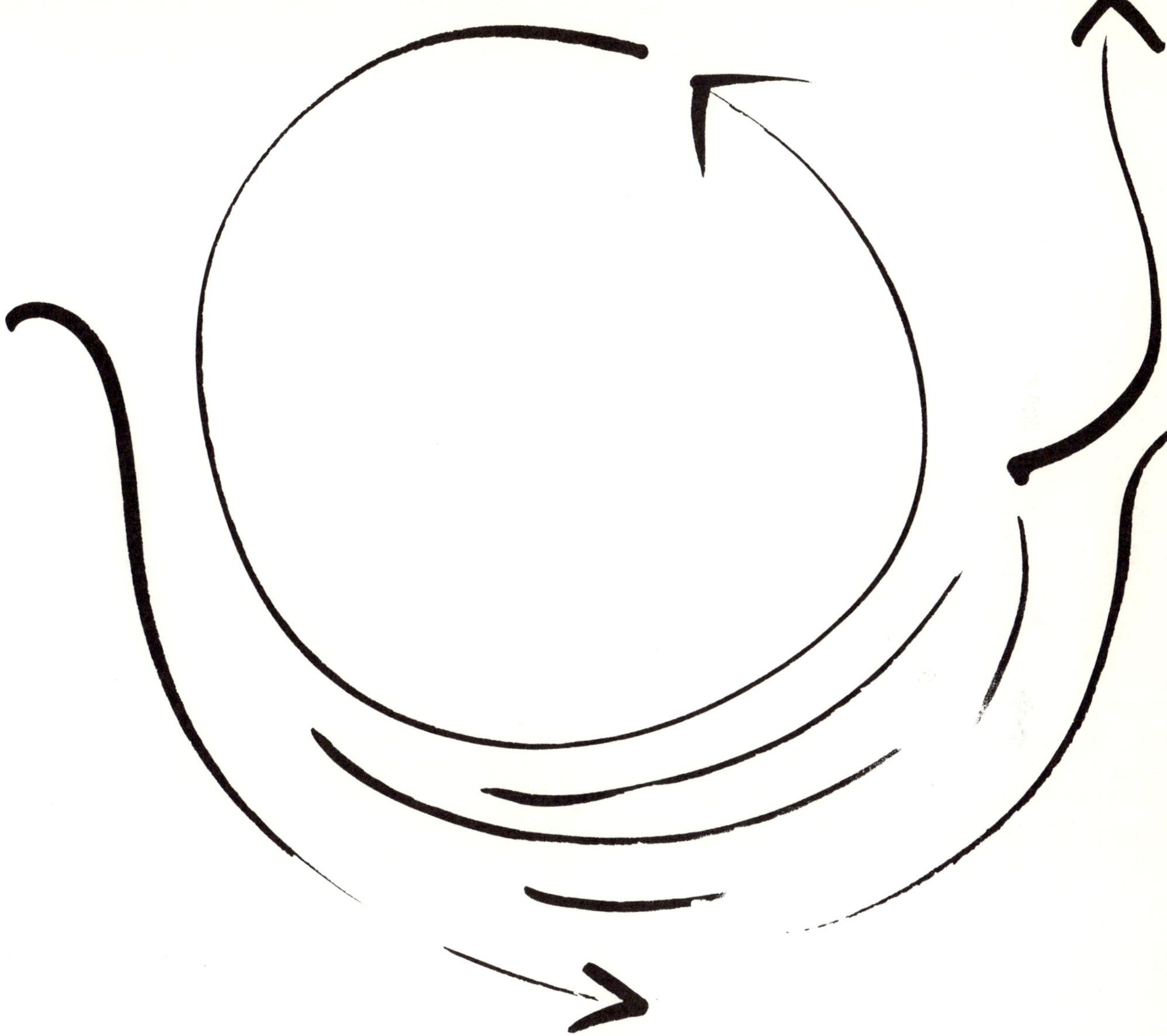

Zeichnerische Vorübung
Kreise und rhythmische Begleitformen, mit Kreide, Graphitstift oder Tusche und Feder gezeichnet.

GESTIRN
Größe des Originals 295 x 295 mm

Stearinblock oder weißer Kerzenrest, Aquarell- oder Temperafarben (Preußischblau, Krapplack, Schwarz), 2 bis 3 cm breiter Borstenflachpinsel.
Die Kreisform des Gestirns und die umschließende Bogenlinie mit Wachs unterlegen. Dafür den Wachsblock in voller Breite (ca. 3 cm) auf das Aquarellpapier legen.
Es sollen sich hierbei möglichst keine linearen Formmuster ergeben, sondern ein gleichmäßiger, leichter, auf der gekörnten Papieroberfläche im Gegenlicht deutlich sichtbarer Film.
Schon für diese erste Stufe des Bildes ist die entschlossene, aus der Körpermitte heraus entwickelte Formgeste wichtig. Vermeiden Sie ängstliches Korrigieren, Kratzen oder gebrochene Striche!
Beträufeln Sie das Papier danach mit Wasser, bis es seine Leimspannung verliert und plan aufliegt, oder weichen Sie es einige Minuten lang in einem Gefäß (Entwicklerschale) ein.
Ziehen Sie jetzt in Blautönen die Außenkontur des Gestirns und die Bogenlinie nach. Weiß tauchen die Wachsstrukturen aus dem blauen Raum auf.
Durch Abnehmen überschüssiger Farbe, erneutes Abdunkeln – hier und da auch in Rottönen – oder Aufhellen kann eine wechselnde optische Raumtiefe erreicht werden.
Zu helle, durch den Wachsauftrag bedingte Strukturen können durch leichtes Reiben mit dem Finger zu Blau gedämpft werden.

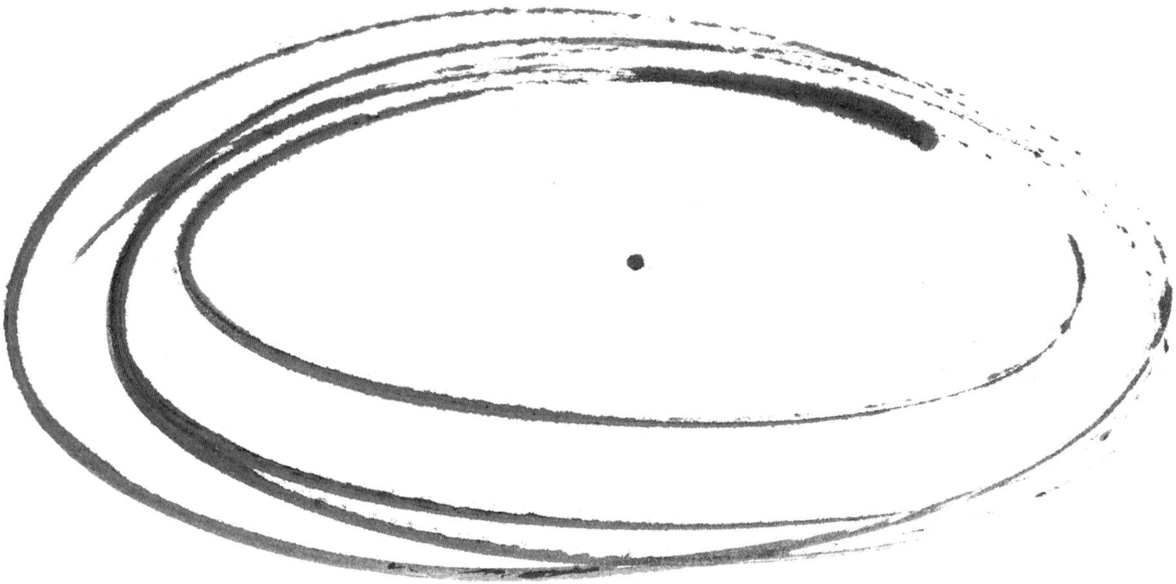

KREISE UND ELLIPSEN –
VOM EIGENAUSDRUCK DER FORMEN

Jede Form hat ihre besondere Qualität. Zeichnerisch und malerisch aus der konzentrierten Bewegung des Kreises in die dynamische Verwandlung zur Ellipse (und umgekehrt) übergehend, begreift man mehr von der Beschaffenheit und dem Eigenausdruck der Formen, als es ganze Kompendien theoretischer Analysen vermitteln könnten.
Die direkte, aus dem Körpergefühl heraus entwikkelte Figur ist entscheidend für das wirkliche Verstehen von formalen Zusammenhängen und Wirkungen.
Gestaltung kann nur gelingen, wenn wir die Komponenten kennen, mit denen wir arbeiten.
Was geschieht, wenn ich Quadrate zu Rechtecken strecke, wenn ich die Basis eines Dreiecks verbreitere oder reduziere, Formspitzen und amorphe Wolken kombiniere, wenn ich eine Häufung identischer Elemente durch eine Fremdform ergänze?
Dies ist nicht ausschließlich, nicht in erster Linie ein analytischer, verstandesmäßiger Akt, es ist vielmehr eine sinnliche Erfahrung und ein großes Staunen vor den Wundern der sichtbaren Welt.
Das meditative Zeichnen und Malen schafft durch geduldige Übungen die Voraussetzungen dafür.

ELLIPTISCHER FARBKERN
Größe des Originals 290 x 290 mm

Aquarell- oder Temperafarbe (Cadmiumrot), großer Aquarellpinsel, Borstenflachpinsel. Die elliptische Form mit dem schräg aufgelegten Aquarellpinsel ziehen. Oben und unten Begleitstrukturen löschen: Verwenden Sie dafür einen trockenen Borstenflachpinsel, mit dem Sie überschüssige Farbe aufnehmen und vom Blatt wegziehen. Keine Korrekturen an der einmal gesetzten Form!

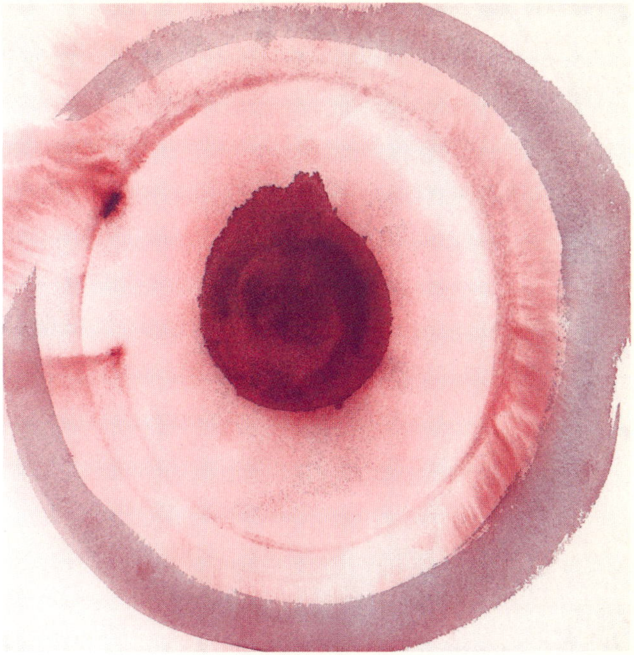

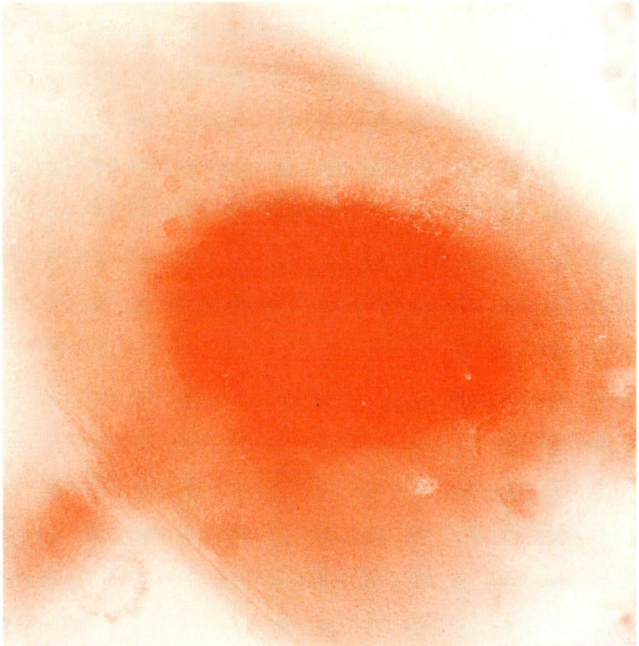

FARBIGES ZENTRUM
Größe des Originals 290 x 290 mm

Einen dunkelroten Farbkern in die Bildmitte setzen, die mit Wasser bedeckte Oberfläche des Aquarellpapiers dann so abtupfen, daß dieser Farbkern nur noch schwach ausblüht.
Danach die begleitenden Ringformen in einer ruhigen, aus der Körpermitte herauskommenden Bewegung malen ohne abzusetzen. Falls erforderlich, die Formgeste auf dem abgespülten Papier wiederholen, bis sie fast mit geschlossenen Augen gelingt.

ROTER PLANET
Größe des Originals 295 x 295 mm

Aquarell- oder Temperafarben (Krapplack, mit etwas Blau gebrochen), großer Aquarellpinsel, eine Scheibe aus Metall oder anderem wasserfesten Material.
Die runde Scheibe als Form des Planeten auf das noch farblose, mit Wasser getränkte Papier legen und die angemischte Farbe auftragen. Durch Bewegen des Papiers entwickeln sich unterschiedliche Pigmentkonzentrationen. Der rhythmisch lang, kurz, konkav, konvex geführte, schräg aufgelegte Aquarellpinsel nimmt die Kreisform in Variationen und Abweichungen auf. Achten Sie aber darauf, daß sich die Kreisschablone nicht verschiebt. Sie bleibt bis zum Antrocknen der sie umgebenden Farbe auf dem Papier liegen.
Sollte die Kreisform nach dem Abheben der Schablone nicht befriedigend oder von zu starken Oberflächenstrukturen bedeckt sein, die Form mit dem nassen Maltuch herauswischen. Innerhalb des Kreises einen neuen Wasserfilm auftragen und ein wenig Rot hineinblühen lassen.
Durch Abtupfen erreichen Sie Oberflächenstrukturen, die jedoch im richtigen Verhältnis zur Größe der Kreisform stehen müssen. Zu grobe Strukturen lassen den in weiter Entfernung gedachten Himmelskörper zu einem Ball von 10 cm Durchmesser schrumpfen.
In einer weiteren Übung legen Sie die Kreisschablone auf das bereits rotbemalte strukturierte Aquarellpapier. Sie wird abgehoben, nachdem die Bildumgebung fast trocken ist.

NACHTHIMMEL
Größe des Originals 295 x 295 mm

Aquarellfarben (Preußischblau, Ultramarin, etwas Schwarz und Krapplack), weiße oder orangefarbene Wachsmalkreide, großer Aquarellpinsel.
Um die sanfte Bewegung der Wolken am Nachthimmel darzustellen, unterlegen wir die Aquarellmalerei durch diagonal geführte Strukturen mit heller Wachsmalkreide. Die Kreidestücke flach auflegen, um einen möglichst gleichmäßigen Abrieb zu erreichen.
Das so präparierte Papier 5 bis 10 Minuten in Wasser einweichen und auf die Glasplatte legen. Mit hellen, stark verdünnten Farbtönen die gesamte Bildfläche überziehen.
Den hinter den Wolken auftauchenden Mond mit dem Maltuch durch Abtupfen der Farbe formen. Dunkles Blau führt das Auge in die Tiefe des Raums. Die hellen wasserverdünnten Farbnuancen stehen für das Licht der Sterne.
Wir tun gut daran, dem fließenden Prozeß der Pigmentverteilung im Wasser gelegentlich mehr zu vertrauen als unserer Hand. An schematisierende Handlungen gewöhnt, ist sie – wie unser Geist – ständig der Gefahr des Stereotypen unterworfen. Zugleich lernen wir von Bild zu Bild das eigene Tun vom Wettstreit mit der Materie zur Harmonie mit ihren Gesetzen zu führen.

DAS BILD ALS MIKROKOSMOS DER FORMKRÄFTE
Größe des Originals 345 x 300 mm

Setzt man auf nasses Aquarellpapier mit dunkler Tempera, Ausziehtusche oder Scribtol einen einfachen Formkern, beginnt eine physikalische Reaktion. Linie, Punkt oder Fläche entfalten sich zu feinsten Verästelungen.
Folgen wir diesen, so selbstverständlich wie eine Naturform wachsenden, Ausdrucksmustern in absichtsloser entspannter Kontemplation, wird unsere Phantasie immer neue Assoziationen entwickeln. Sobald also menschliche Rationalität und Ordnung nicht mehr dominieren, können wir im einfachen Beispiel den Uranfang aller Form wahrnehmen.
Schon Leonardo da Vinci riet seinen Schülern, von Zeit zu Zeit in meditativer Versenkung die Strukturen einer rissigen Mauer oder die Verwandlung der Wolkenbilder am Himmel zu betrachten, um so das eigene gestalterische Vermögen mit neuer Vitalität zu erfüllen.

LICHTKERN IM RAUM – KONZENTRATION UND STRAHLUNG
Größe des Originals 200 x 200 mm

Deckweiß, Aquarell- oder Temperafarben (Cadmiumgelb, Siena gebrannt, Ultramarin), breiter Borstenflachpinsel, großer Aquarellpinsel. Mit dem Borstenflachpinsel stark verdünntes Deckweiß in waagerechter Strichführung über die gesamte Bildfläche ziehen. Dabei liegt das nasse Aquarellpapier plan auf der Malunterlage (Glasplatte).
Den Farbkern aus Cadmiumgelb mit dem großen Aquarellpinsel in die nasse Grundierung setzen. Die Farbe beginnt auszublühen.
Von links unten ausgehend, eine Farbbahn aus Ultramarin an das Lichtzentrum heranführen.
Durch leichtes Bewegen des an den Kanten angehobenen Malgrunds vermischen sich die aufgetragenen Farben in fließenden Übergängen. Die Deckweißgrundierung ermöglicht weiche pastellartige Farbstufen.
Überschüssige Farbe, zu intensive Farbkonzentrationen mit dem Maltuch abtupfen. Danach durch Auftropfen von reinem Wasser wieder für einen geschlossenen Feuchtigkeitsfilm sorgen, der das weitere Verlaufen der Farben ermöglicht.
Wenn sich die Farbstrukturen stabilisiert haben und das Bild zu trocknen beginnt, wird es von der Glasplatte abgehoben und auf eine andere wasserfeste Unterlage gelegt, um ein Ankleben zu vermeiden.

STERNNEBEL
Größe des Originals 210 x 150 mm

Deckweiß, Aquarellfarben (Preußischblau, Schwarz, Siena gebrannt), breiter Borstenflachpinsel, großer Aquarellpinsel. Das nasse Aquarellpapier mit stark verdünntem Deckweiß grundieren, wie auch auf Seite 34 beschrieben. Die diagonal gestreckte Form des Sternnebels bleibt als Helligkeit stehen. Sie wird seitlich mit Preußischblau, etwas Schwarz und Siena gebrannt eingegrenzt. Die Kreisformen entstehen durch Übermalen des dunklen Bildgrundes mit konzentriertem, etwas gebrochenem Deckweiß. An den Rändern des Sternnebels die Farbe leicht abtupfen, um weiche durchsichtige Übergänge zu schaffen.

IM RAUM
Größe des Originals 210 x 150 mm

Das Bild entsteht mit den gleichen Mitteln wie das vorherige. Räumlichkeit und Transparenz entstehen auch, wenn die hellen Formelemente vor dem Malen mit Stearin oder Wachsmalkreide unterlegt werden, wie bereits beschrieben. Achten Sie auf die entsprechende Feinheit der Farbstrukturen, damit die Raumtiefe, die Entfernung zu den einzelnen Himmelskörpern im richtigen Verhältnis zum Ausdruck kommen.

SPIRALEN – DAS RHYTHMISCHE ZEICHEN ALS PARABEL DER WELT

Die Urform der Spirale ist Inbegriff energetischer Konzentration und Expansion. Sie begegnet uns in tausend Variationen, vom strömenden Wasser bis in die Wachstumsbilder der Pflanzen, vom Schnekkenhaus bis zur Galaxie. Eine schnelle Entdekkung, soweit die einzelne Feststellung reicht, ein Wunder, begreift man die kosmische Ordnung, das alle äußeren Erscheinungen durchdringende Schöpfungsprinzip.
In der bildnerischen Übung der Spiralform sind Auge wie Körperbewußtsein gleichermaßen beteiligt. Jede in voller Konzentration beginnende und ausstrahlende Form ist Gleichnis menschlicher Existenz. Indem ich aus Stille und Sammlung zu aktiver Bewegung übergehe, wird mir die Übereinstimmung aller Lebensvorgänge unmittelbar bewußt. Dies gilt für die Übung der Spirale, aber auch für das System der Fächerung, der kreisförmigen und elliptischen Formbildungen, für das Umschließen eines Mittelpunktes wie für den Verlauf einer zielgerichteten geraden Linie.
Dies auch zur Erklärung der in den Übungsmodellen auftretenden Wiederholungen einer Basisform. Es ist ein leichtes, Grundstrukturen des Sichtbaren zu differenzieren, aber in diesem Buch geht es – die Wiederholung sei erlaubt – um das genaue Gegenteil: um den Weg von außen nach innen, von der Peripherie zur Mitte.

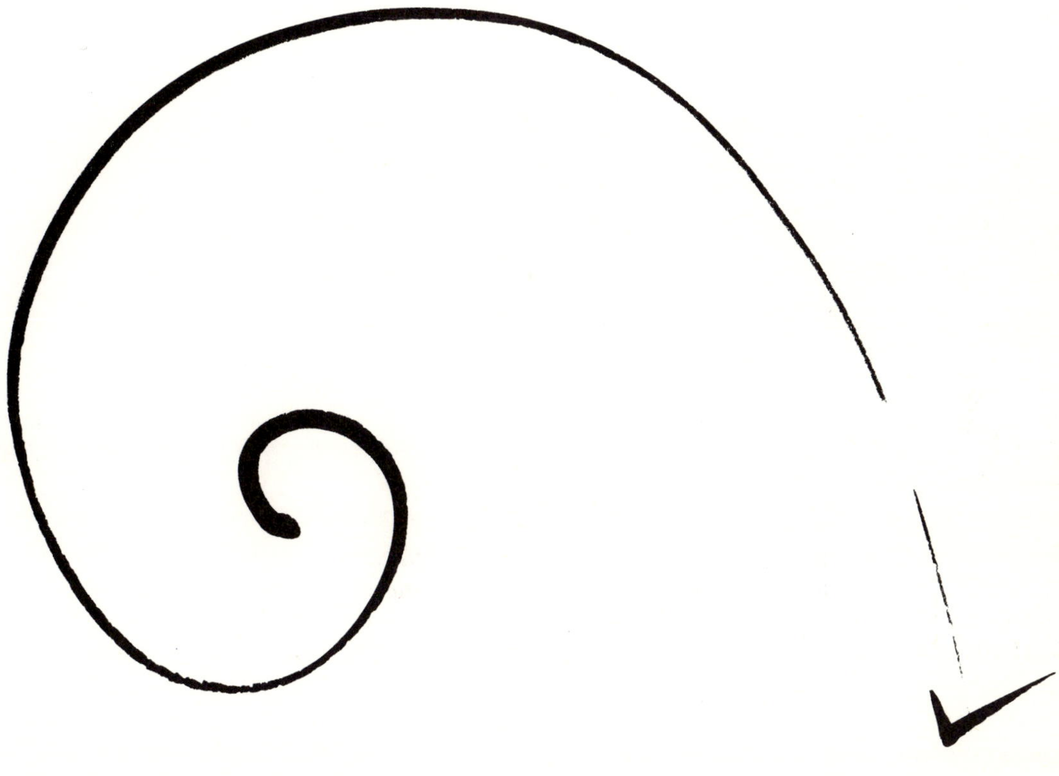

Urform der Spirale
Vorübung mit Kreide, Bleistift oder Feder: vom Schema des Formsystems zur gespannten Vitalität des Natürlichen.

DIE WELLE
Größe des Originals 295 x 295 mm

Aquarell- oder Temperafarben (Schwarz, Siena gebrannt, Preußischblau), Tapetenkleister, Borstenflachpinsel (ca. 3 cm breit). Dieses Malbeispiel ist eine Variante der auf Seite 5 abgebildeten Urform. Das wassergesättigte Aquarellpapier zunächst mit einer Kleisterschicht überziehen. Sie dient dazu, die Spuren der Pinselbewegung festzuhalten. Die Farbe kann weder ausblühen noch sofort antrocknen. Der Leimfilm erlaubt auch ein mehrfaches Wiederholen der selben Formgeste.
Bei diesem Übungsbeispiel wird das Preußischblau leicht gebrochen mit etwas Schwarz und Siena gebrannt.
Den Konzentrationspunkt mit einem festen Borstenpinsel in die Mitte des Blattes setzen. Nach einer Pause die Spiralform mit kräftigem Druck bis zum linken Blattrand ziehen.
Die Erweiterung zur Gesamtform geschieht im gleichen Rhythmus, von innen nach außen. Feine Differenzierungen erhalten Sie, wenn Sie den Pinsel ausspülen, abtrocknen, und den Formverlauf dann noch einmal ohne Farbe bei sehr festem Auflagedruck wiederholen.
Ich darf daran erinnern, daß Sie Farbtönung und Leimgrundierung leicht wieder abwaschen können.

DIE SCHNECKE
Größe des Originals 420 x 290 mm

Zeichnerische Vorübung
Mit flach aufgelegtem Wachskreidestück aus dem Konzentrationspunkt heraus langsam, dann schneller werdend, die gespannte, das Formschema variiert, Gestalt einer Schnecke zeichnen. Achten Sie dabei auf die Verschiebung im Formvolumen. Üben Sie auf großen Bögen. Suchen Sie Ihre körperliche Mitte, und pendeln Sie das absolute Gleichgewicht aus, bevor Sie mit den Übungen beginnen.

Aquarellfarben (Preußischblau, Ultramarin, Krapplack dunkel, Schwarz, Chromoxydgrün feurig), großer Aquarellpinsel. Fügen Sie dem Wasser zum Anmischen der Farben etwa 10 bis 15 Raumanteile einer konzentrierten Gummiarabikum-Lösung (vgl. Malmittel Seite 9) zu; sie verleiht den verdünnten Aquarellfarben Tiefe und erlaubt

das Aufhellen von zu dunkel geratenen Bildpartien mit dem ausgespülten und noch feuchten Pinsel. Das überschüssige Wasser auf der Papieroberfläche abtupfen. Dann zunächst mit einer sehr feinen Kontur in verdünntem Blau die Gesamtform der Schnecke festlegen. Den Pinsel dabei von innen nach außen führen. Die Binnenform mit sehr hellem wässrigem Blau ausfüllen und danach langsam dunklere Töne einsetzen.

Folgen Sie in der Pinselbewegung der runden plastischen Tendenz der Schalenstrukturen. Die farbige Konzentration (rot-blau) ist in der Mitte des Schneckengehäuses.
Eine solche Arbeit kann – im Gegensatz zur Einübung der Grundform – viele Stunden in Anspruch nehmen. Sie stärkt unsere Geduld, und sie macht die Form eines Lebewesens zum unauslöschlichen Eindruck.

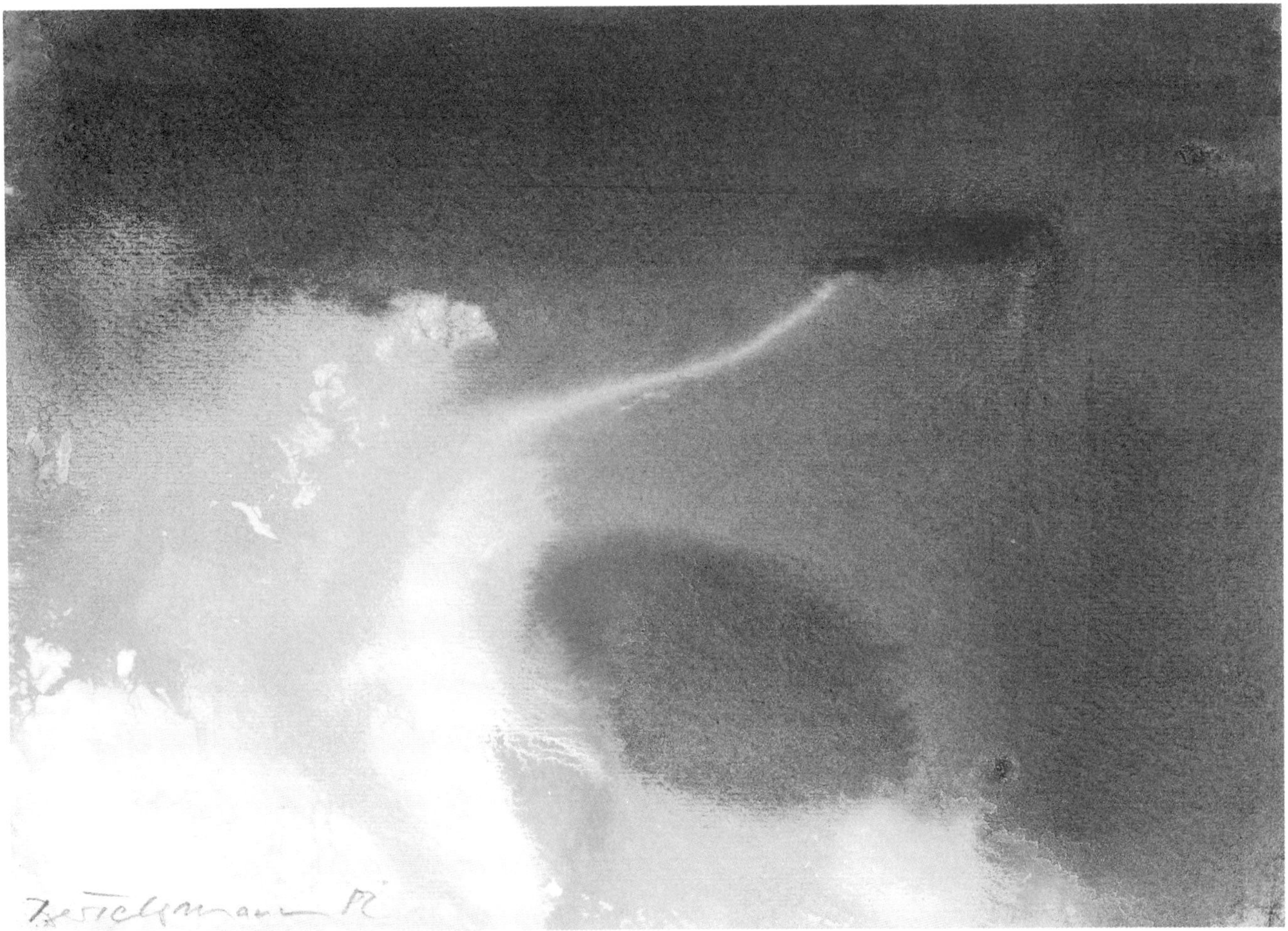

DER FLUSS DER FORMEN

Aquarell in Naß-in-Naß-Technik.
In ständiger Veränderung zeigen Wolken und fließendes Wasser jede nur denkbare Formkonstellation, die uns dann in den endgültig fixierten Erscheinungen der sichtbaren Welt wiederbegegnet.

IN DER BRANDUNG
Größe des Originals 305 x 420 mm

Weiße Wachsmalkreide oder Stearinblock, Aquarellfarben (Preußischblau, Chromoxydgrün, Krapplack, Schwarz), 3 cm breiter Borstenflachpinsel (Modler).
Erinnerung an die Brandung, an die vitale Kraft des Wassers: eine ansteigende, abfallende, im rhythmischen Wechsel sich einrollende Wellenformation.
Auf dem trockenen Aquarellpapier mit der wasserfesten Wachsmalkreide (oder dem Stearinblock) die Formverläufe vorzeichnen. Die Wachsspuren sind im Gegenlicht als glänzende Schicht zu erkennen. Das Papier in Wasser legen, bis es durchtränkt ist und dann auf einer Glasplatte ausbreiten. Bei sehr weichen Papieren erübrigt sich diese Vorbereitung: Sie können sofort nach der Wachsvorzeichnung mit sehr viel Wasser und den ersten hellen Farbtönen beginnen. Grundsätzlich sollte immer von Hell nach Dunkel gearbeitet werden. Die Farben werden durch eine Spur Schwarz gedämpft. Durch festes senkrechtes Aufstoßen mit den Pinselborsten, durch Abtupfen mit dem Mallappen und Aufträufeln von Wasser ergibt sich eine dem natürlichen Fluß des Elementes gleichende Komposition, die alle Einzelheiten bindet. Bei aller Spontaneität der Formbildungen sollte schließlich jede Einzelform ihre Ausdrucksbedeutung im ganzen Bildganzen erhalten haben.
Gelingt es, die Dynamik von Naturphänomenen auf den Malvorgang zu übertragen, wird die Trennung zwischen Gegenstand und Gestaltung aufgehoben. Wir kopieren keine Zufälligkeiten der

Erscheinungsbilder; vielmehr befinden wir uns im Gleichklang mit den Kräften, die das bildhafte Natürliche hervorbringen. Das ist keine Frage der äußeren Dimension. Schon ein kleines Aquarell kann Zeugnis dafür sein.

METAMORPHOSE
Größe des Originals 500 x 500 mm

Temperafarben (Krapplack, Cadmiumrot, Schwarz), als Malgrund vorzugsweise fester Karton oder eine Hartfaserplatte, deren glatte Seite leicht angeraubt und danach zweimal mit Acrylweiß (z. B. Fassadenfarbe) grundiert wurde, 1 bis 3 cm breite Borstenflachpinsel, ein Borstenrundpinsel, der sich zur Spitze schließt. Der Bildaufbau beginnt mit einer gleichmäßigen deckenden Schicht Rot. Die erste Form entwickelt sich aus der von innen nach außen gerichteten Spirale in der Mitte des oberen Bilddrittels.
Sie geht dann in die Gesamtform der stehenden Ellipse über, die von parallel geschwungenen Formverläufen umschlossen wird.
Mit dem fast trockenen Borstenflachpinsel lassen sich durch Überziehen und Auftupfen die feinen Strukturen und Schattierungen erreichen, die hier – im Kontrast zur Abbildung auf Seite 29 – die langsame, einem einheitlich konzentrischen Formgesetz folgende Expansion von Lebensenergie widerspiegeln.
Die Brauntöne diese Bildkomposition ergeben sich durch das Vermischen von Rot und Schwarz.
Versuchen Sie, dies gilt für alle Übungsmodelle dieses Buches, Ihre eigenen Vorstellungen zu den thematischen Anregungen zu gewinnen. Verändern Sie Farbkanon und Komposition, bis Sie den unverwechselbar nur Ihnen möglichen Zugang zu den Grundstrukturen der Natur gefunden haben.

FÄCHERUNGEN

Das Rhythmogramm eines Grases (Abbildung links) zeigt die Kombination von statischen und dynamischen Elementen in der Senkrechten des Höhenwachstums und den Kurven der Blattformen.
Diese Art der Formfächerungen sehen wir in den Blüten der Pflanzen, in Seerosen, Seeanemonen und tausend anderen Phänomenen der organischen Natur. Die aus einem Punkt der statischen Balance in den Raum ausschwingende Körperbe-

wegung des Menschen, jede bildnerische oder sprachliche Artikulation, gehorcht den gleichen Gesetzen.
Jede Lebensäußerung bedeutet Sammlung, Stabilisierung und Ausstrahlung von Energie. Das Beispiel der Wasserpflanze rechts zeigt die vom Strömungsverhalten des Wassers geprägte Wachstumsachse und die seitlichen Auffächerungen der Blätter.

RADIALE FÄCHERUNG

AKTINIE (SEEROSE)
Größe des Originals 305 x 305 mm

Aquarellfarben (Preußischblau, Cadmiumrot, Krapplack, Schwarz, Chromoxydgrün feurig), großer Borstenrundpinsel, großer Aquarellpinsel. Mit dem großen Rundpinsel das nasse Aquarellpapier mit einer Grundierung aus Preußischblau, gemischt mit etwas Krapplack, Schwarz und Chromoxydgrün feurig, überziehen. Die harte Brillanz des Blautons wird durch die anderen Farbzusätze gemildert.
Nehmen Sie die Vorstellung von strömendem Wasser in der Pinselbewegung auf: den ansteigenden und abfallenden Rhythmus der Wellen in kurzen und langen Schwüngen.

Legen Sie durch Abtupfen mit einem Papiertuch den weißen Malgrund in einer Kreisform frei, die der Größe der Aktinie entspricht. Tropfen Sie sauberes Wasser in diese Kreisform. Vom Zentrum der Kreisform ausgehend, werden die einzelnen Tentakeln in einer weich geschwungenen Formgeste gemalt.
Nehmen Sie hierfür einen kräftigen Farbton, gemischt aus Krapplack dunkel, Cadmiumrot und etwas Preußischblau. Setzen Sie den gefüllten und zur Spitze geschlossenen Aquarellpinsel senkrecht auf. Geben Sie dann energisch Druck, und malen Sie jede Form ohne abzusetzen. Zum Ende der Tentakeln hin den Druck verringern, so daß sich der Pinsel wieder zur feinen Spitze schließt und abgehoben werden kann.

AKTINIE (SEEANEMONE)
Größe des Originals 450 x 450 mm

Scribtol, weiches, schwach geleimtes Zeichen- oder Aquarellpapier, großer Aquarellpinsel mit feiner Spitze. Das Papier, wie bereits beschrieben, mit Wasser getränkt auf eine Glasplatte legen. Die Papieroberfläche sollte noch mit einem geschlossenen dünnen Feuchtigkeitsfilm bedeckt sein.
Nach einem Augenblick absoluter Konzentration den mit Scribtol gefüllten und zu feiner Spitze geschlossenen Pinsel an der unteren Papierkante aufsetzen und mit geringem Druck nach oben führen. Dort einen Augenblick auf dem Papier verharren; es bildet sich ein dunkler Formkern. Dann den Pinsel abheben, wieder zur Spitze schließen und ohne erneutes Füllen mit Tusche aus der Mitte heraus die geschwungenen Arme der Aktinie malen.
Die schwarzen ausblühenden Strukturen dort abtupfen, wo sie den Ausdruckscharakter der Formfächerung beeinträchtigen. Den Fuß der Aktinie durch eine zweite, unten ansetzende Linie verstärken. Dabei den Pinsel schräg halten und etwas breiter auflegen.
Versuchen Sie bei dieser Übung, mit der schwingenden Bewegung des gesamten Oberkörpers zu malen.
Aktinien sind einfachste Urbilder energetischer Entfaltung.

WASSERPFLANZE
Größe des Originals 430 x 600 mm

Scribtol (schwarze Tusche), Borstenflachpinsel, Borstenrundpinsel mit geschlossener Spitze, Tapetenkleister.

Auf dem feuchten Papier eine gleichmäßige Schicht Leim verteilen. Er dient zur Fixierung der Wachstumsstruktur. Unten ansetzend und im Wechsel links und rechts der gedachten Achse des Höhenwachstums folgend, die einzelnen gefiederten Blattformen ziehen. Den Rhythmus des Malens in einer ruhigen gleichmäßigen Bewegung aus der Körpermitte heraus entwickeln und nicht absetzen. Hierfür eignet sich ein großer Rundpinsel mit harten Borsten. Je härter die Borsten und je kräftiger der Papierkontakt, umso deutlicher bleibt der Verlauf der Formentwicklung erhalten. Eine Tuschfüllung des Pinsels reicht aus. Es empfiehlt sich, das Blatt kurz vor dem völligen Trocknen von der Glasplatte auf eine andere wasserfeste Unterlage zu legen, damit es nicht festklebt.

SEEGRUND
Größe des Originals 305 x 420 mm

Aquarellfarben (Krapplack dunkel, Cadmiumrot, Kobaltblau, Chromoxydgrün), Wachsmalkreide.
Das vorherrschende Formsystem bei diesem Aquarell sind radiale Fächerungen, konkav-konvexe Schwünge, dunkle Konzentrationspunkte mit runder Tendenz.
Das trockene Papier zunächst mit der Wachsmalkreide strukturieren. Ohne das Papier einzuweichen, mit sehr viel Wasser die Farben auftragen. Die durch das Unterlegen mit der Wachsmalkreide erzielten Helligkeiten werden durch Abtupfen von Farbe verstärkt.
Die dunklen Konzentrationspunkte sind als kompositorische Stabilisierung wirksam; sie bilden einen malerischen Ausgleich zu den eher graphischen Fächerformen.

Unterwasserlandschaften sind bei aller Vielfalt ihrer Strukturen durch die strömende Bewegung des Wassers geprägt. Die Ausdrucksmuster der auf nassem Papier aufgetragenen Aquarellfarben können die zeichenhafte Übertragung natürlicher Formbildungen darstellen.

SEESTERN, ZEICHNERISCHE VORÜBUNG
Ein ca. 2 cm breites Stück Wachsmalkreide flach auflegen, die Seesternarme von innen nach außen in einer weichen Schwingung mit kräftigem Druck und ohne abzusetzen zeichnen.

SEESTERN
Größe des Originals 305 x 420 mm

Rote Wachsmalkreide, Aquarellfarben (Krapplack, Schwarz, Preußischblau, Chromoxydgrün), großer Aquarellpinsel.
Achten Sie beim Vorzeichnen mit der roten wasserfesten Wachsmalkreide auf den geschmeidigen Charakter der Seesternarme. Sie werden von innen nach außen, ihrer natürlichen Entwicklung folgend, gezeichnet.
Nach dem Vorzeichnen mit dem großen, flach aufgelegten Aquarellpinsel mit Gummiarabikum versetztes Wasser über die gesamte Bildfläche ziehen.
Über die Vorzeichnung des Seesterns Krapplack in stärkerer Konzentration legen. Im Hintergrund Krapplack, mit sehr viel Wasser und etwas Schwarz vermischt, auftragen.
Der dunkle Hintergrund im oberen Drittel der Bildfläche besteht aus Preußischblau, Chromoxydgrün, Krapplack und etwas Schwarz. Den Pinsel dabei in Kurven führen.
Lichtakzente entstehen durch Aufsaugen der Farbe mit einem Papiertuch. Lassen Sie aber immer wieder Malwasser über die Bildfläche fließen, bis sich der natürliche Rhythmus des Wassers in einer entsprechenden Form- und Farbverteilung niederschlägt. Die einzelnen Phasen der Bildentwicklung werden hier nicht zugunsten eines endgültigen Ergebnisses ausgelöscht, der Malvorgang ist wichtiger als die formale Vereinzelung.
Immer wieder auf großen Packpapierbögen mit Wachs- oder Ölkreide gezeichnet (auch bei geschlossenen Augen), teilt sich die einfache Parabel dem Körperbewußtsein mit und bewirkt eine Regeneration des rhythmischen Empfindens.

Seesterne sind prägnante Modelle für den Vorgang der energetischen Konzentration und Expansion, auch übertragen auf Körpersprache und zeichnerisches Arbeiten. Von einem Mittelpunkt absoluter Sammlung ausgehend, schwingen die Formen in den Raum.

SEELILIE
Größe des Originals 295 x 295 mm

Temperafarben (Schwarz, Blau), 2 cm breiter Borstenflachpinsel, Tapetenkleister.
Ein Gang durch das Museum Hauff in Holzmaden oder durch das Senckenbergmuseum in Frankfurt: In Jahrmillionen alten Versteinerungen begegnen uns die primären Formen des Lebens, Seelilien, deren gewaltige Kronen noch heute wie vom Wasser bewegt erscheinen.
Die Urform eines Fossils löste diesen Gestaltungsimpuls aus.
Das Papier gleichmäßig mit Leim grundieren. Den Stiel der Seelilie und die gefächerte Krone mit schwarzer oder blauschwarz gemischter Tempera malen. Bei den spitzen Ausläufern der Kronenfächerung den Flachpinsel so drehen, daß nur die schmale Seite das Papier berührt. Nach Abheben des Pinsels klingt die Formgeste im Raum aus.
Vor jeder Malphase liegt eine Pause der Konzentration. Jede wachsende Form wird von unten nach oben, beziehungsweise von einem energetischen Kern nach außen strebend gestaltet.

Zeichnerische Vorübung
Mit Kreide, Graphitstift oder Feder die Grundform des Fisches zeichnen, sie zeigt eine nach unten gerichtete Formdynamik.

FISCH
Größe des Originals 450 x 350 mm

Bleistift, schwarze Aquarellfarbe oder Tusche, Aquarellpinsel, weiches, nur schwach geleimtes Aquarellpapier.
Zunächst eine zarte Bleistiftlinie ziehen, die als Formachse vom Kopf des Fisches bis zum Ansatz der Schwanzflosse reicht. Das erleichtert das Vorzeichnen der Körperproportionen, das ebenfalls nur durch einen kaum sichtbaren Bleistiftstrich erfolgen sollte.
Ist die Gesamtform so angedeutet, wird das Papier mit dem Aquarellpinsel innerhalb des Umrisses mit dem Malwasser angefeuchtet, nicht über die Körperform hinausgehen.

Jetzt die Formakzente zur Betonung des Auges, der Wirbelsäule, der Flossen und der Hautstruktur setzen. Versuchen Sie, möglichst ohne Korrekturen auszukommen. Wiederholen Sie lieber diese Tuschmalerei, denn mit dem schrittweisen Verbessern geht zwangsläufig die Spontaneität verloren. Auch bei diesem Beispiel geht es um das Verständnis für natürliche Grundformen. Sobald ihr Charakter in unser Formbewußtsein aufgenommen wurde, haben wir die formbildenden Kräfte des Wassers – über die Zufälligkeiten des einzelnen Erscheinungsbildes hinaus – verstanden.

FISCHE
Größe des Originals
305 x 420 mm

Aquarellfarben (Ultramarin, Preußischblau), großer Aquarell- und Borstenrundpinsel.
Das nasse, auf der Glasplatte plan aufliegende Aquarellpapier mit einer Mischung aus beiden Farben grundieren. Die Form des Fisches (vgl. zeichnerische Vorübung Seite 59/60) mit dem Mallappen oder Papiertuch aus der Grundierung herauswischen. Auch der Lichtkern links oben entsteht in dieser Technik. Die den Bewegungsablauf verstärkenden Begleitlinien im unteren Drittel des Bildes mit einem spitzen Borstenpinsel einsetzen.
Das Auge des Fisches und die angedeuteten weiteren Fischkörper mit stärker konzentrierten Blautönen einfügen. Mit dem Pinsel oder dem Maltuch getupfte Blaustrukturen beleben die Silhouette des Fisches. Die blaue Grundierung kann durch etwas Schwarz gedämpft werden.

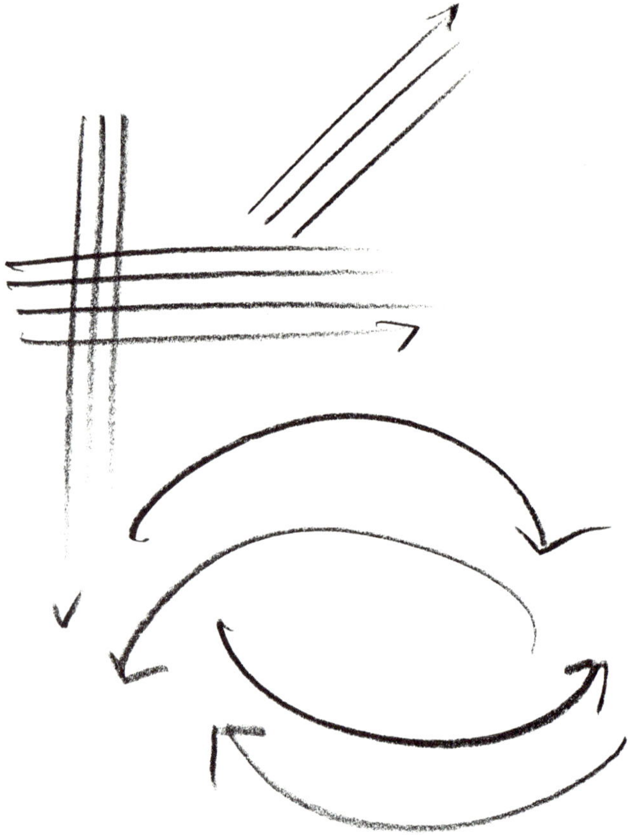

Zeichnerische Vorübung
Senkrechte, waagerechte, diagonale Linienverläufe, konkave und konvexe Bogenlinien: Grundstrukturen der sichtbaren Welt.

KOMPOSITION
Größe des Originals 305 x 420 mm

Aquarellfarben (Preußischblau, Chromoxydgrün, Umbra gebrannt, Krapplack, Schwarz), weiße Wachsmalkreide, großer Aquarellpinsel, 2 bis 3 cm breiter Borstenflachpinsel.
Die Kombination gerader und gebogener Formverläufe bestimmt den Ausdruckscharakter dieses Bildes. Die dominant diagonale Anordnung der graphischen Akzente läßt eine zielgerichtete Bewegung entstehen.
Der zeichnerischen Vorübung folgend, wurde das Aquarell mit weißen Wachskreidestrukturen unterlegt. Sie überspielen die lineare Strenge der dunklen Strichformationen.
Wir verwenden dann den großen Aquarellpinsel, zur Spitze geschlossen und senkrecht gehalten (für

feinere Linien) oder schräg gehalten und breit aufgelegt. Der breite Borstenflachpinsel wird für die großzügige Strukturierung der Farbflächen eingesetzt.
Auf einem ähnlich präparierten Skizzenblatt werden die Mischungsverhältnisse der Farben ausprobiert.

ARSENAL FÜR EINE SCHÖPFUNG
Größe des Originals 290 x 420 mm

Wachsmalkreiden (Orange, Weiß, Ocker), Aquarellfarben (Krapplack dunkel, Ultramarin, Siena gebrannt, Gelb, Schwarz), großer Aquarellpinsel, 2 cm breiter Borstenflachpinsel, 3 bis 4 cm breiter Modler. Das trockene Papier wird mit einer Vorzeichnung in Wachskreide versehen. Die am linken Bildrand ansetzende, die Mitte des Bildes schneidende und im oberen Drittel der Fläche rechts endende Bogenlinie ist in Orange gezeichnet, das Gestirn oben in Weiß und Ocker.
Nach der Vorzeichnung das Blatt neutral (eine Spur Schwarz und Rot, mit sehr viel Wasser verdünnt) grundieren. Auf diesen Grund die einzelnen Farben auftragen. Die Strukturierung der Formen geschieht durch Abtupfen mit einem Papiertuch.

Der breite Modler läßt sich für flächiges Arbeiten (vergleiche die geometrische Flächenform oben links im Bild) einsetzen.
Die Präzisierung einzelner Formelemente erfolgt, sobald das Bild zu trocknen beginnt und die Farben nicht mehr verlaufen.
Die fluoreszierenden Helligkeiten, die an den Schirm einer Qualle erinnernde Bogenform im unteren Bildteil, sind für mich die abstrahierende Umsetzung einer Unterwasserlandschaft.

DAS FORMSYSTEM DES KRISTALLINEN

Konstruktiv-kristalline Formen können – abgesehen von analytischer Isolation und Berechnung – auch Gegenstand meditativer Verbindung sein. Sie ergänzen das Organische und sind natürliche Elemente auch unserer Existenz. Ihr Einfluß reicht von der Ordnung und Stabilisierung unseres Denkens bis zu den sichtbaren konstruktiv-statischen Elementen unseres Knochenbaus.
Der Kontakt zu kristallinen Formbildungen durch meditatives Malen oder Zeichnen richtet sich auf das Erfahren der zugrunde liegenden Gesetzmäßigkeiten, weniger auf das Darstellen einer besonderen Einzelform. So können sich formale Bildordnungen ähnlich dem Ausfällen von Kristallen aus einem flüssigen Aggregatzustand ergeben. Durch unmittelbare Naturbeobachtung, aber auch durch Abbildungen in Werken zur Edelsteinkunde und Mineralogie, ergibt sich eine Fülle von Anregungen für konstruktive Kompositionen. Wir erkennen, wie das herrschende Formsystem durch Variationen und Abweichungen belebt wird, vergleichbar den organischen Strukturen.
Unsere gegenwärtig noch dominierende Vorstellung von Architektur beruft sich auf den Ursprung des Kristallinen; indessen hat sie sich weit vom wirklichen Maß des Natürlichen entfernt, das eben nicht beschränkt ist auf einen standardisierten vertikal-horizontalen Raster.

In den Werken kubistischer und konstruktiv abstrakter Kunst begegnen uns im übrigen hervorragende Beispiele für die Annäherung an kristalline Strukturen, obwohl die Künstler dieser Stilepochen oft eigentlich das Gegenteil, nämlich Naturüberwindung im Sinn hatten.

BERGE, KRISTALLISCHE FORMEN

Versuchen Sie in häufigen zeichnerischen Übungen, Landschaften in ihrer jeweils charakteristischen Beschaffenheit mit wenigen Strichen festzuhalten. Die abgebildeten Skizzen zeigen den Formrhythmus einzelner Felsformationen; das Schema der Senkrechten und Diagonalen wird durch kontrapunktische Abweichungen wie Kurven, Vorsprünge etc. belebt.
Nach geduldiger meditativer Betrachtung prägen sich solche Gegebenheiten so tief ein, daß Sie mit geschlossenen Augen ein Landschaftsbild malen oder zeichnen können. Allen Zufälligkeiten entzogen, bleibt es in absoluter Naturnähe. Vergleichen Sie hierzu Hakubo Hirayama „Japanische Tuschmalerei" und Klaus Bertelsmann „Der Weg zum meditativen Zeichnen", ebenfalls erschienen im Christophorus-Verlag.

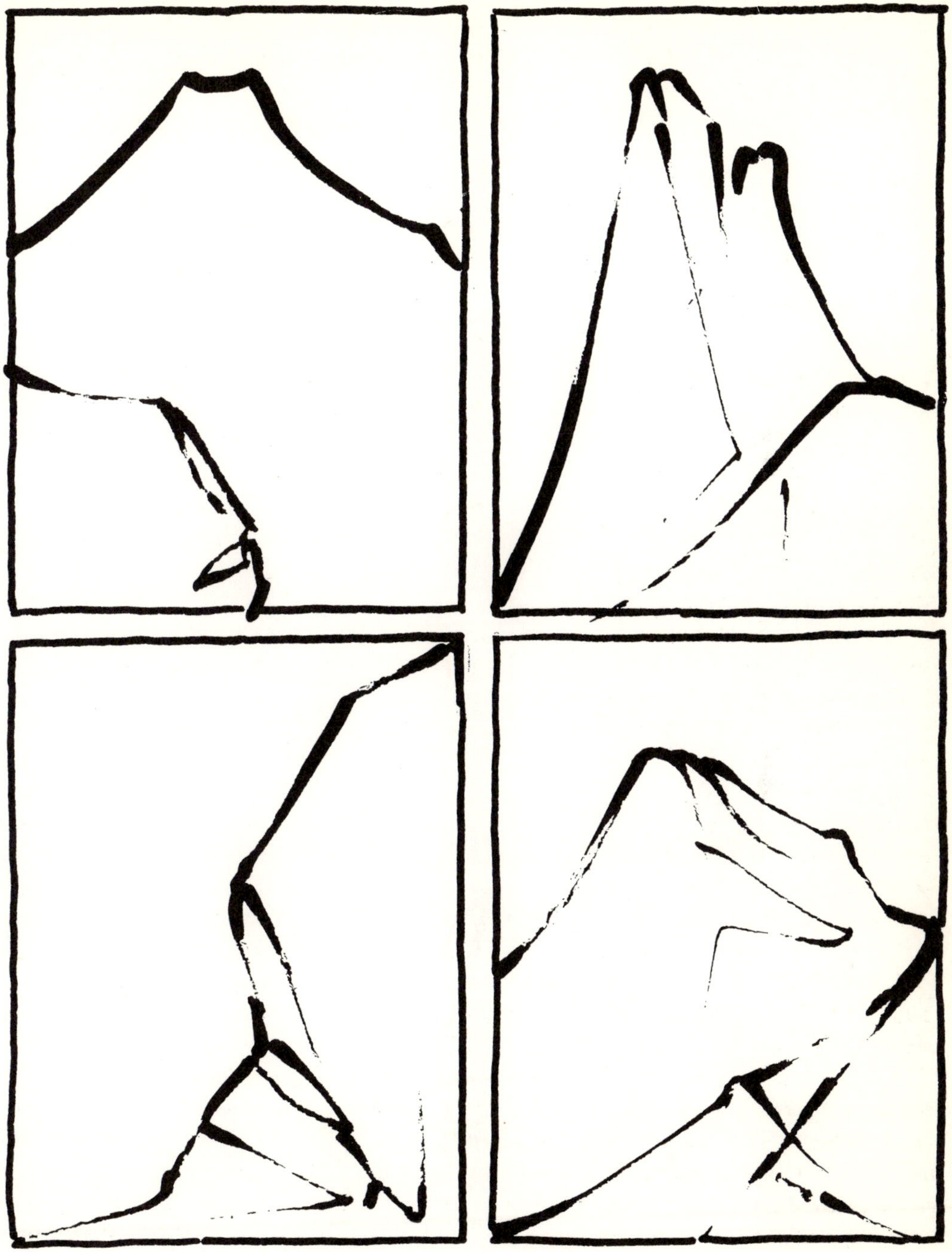

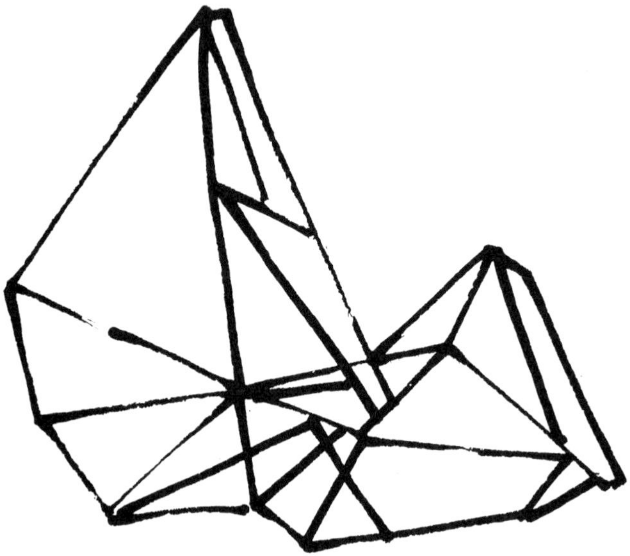

Zeichnerische Vorübung
Kristalline Raumgitter konstruktiv verbinden, stabilisieren.

KRISTALLE
Größe des Originals 300 x 280 mm

Wachsmalkreide (Blau), Aquarell- oder Temperafarben (Kobaltblau, Schwarz), Borstenflachpinsel. Fertigen Sie eine streng lineare Vorzeichnung mit der blauen Wachsmalkreide an. Dabei ist auch ein Lineal durchaus erlaubt.
Mit einer Mischung aus Kobaltblau und etwas Schwarz folgt das Verstärken und Abschattieren der kristallinen Formblöcke. Achten Sie auf eine gerade, streng geometrische Führung des Borstenflachpinsels, die diesem Thema gerecht wird. Wiederholen Sie das Übungsmodell, auch mit veränderter Farbwahl, bis sich die Kristallformen als inneres Bild eingeprägt haben.

BEWEGTE SEE
Größe des Originals 325 x 325 mm

Aquarellfarben (Umbra gebrannt, Schwarz), 3 cm breiter Borstenflachpinsel (Modler), möglichst weiches, schwach geleimtes Papier.
Das Papier wie beschrieben in Wasser einweichen, dem ein wenig Gummiarabikum-Lösung zugesetzt wurde.
In einem ersten Schritt das Papier mit einer zu hellstem Grau verdünnten Farbmischung gleichmäßig grundieren.
Die Strukturen der Wellen entstehen durch die rhythmisiert ansteigende und abfallende Führung des in voller Breite aufgesetzten Pinsels.
Für den Himmel eine stärker konzentrierte Farbmischung nehmen, die in kreisenden Bewegungen aufgetragen wird.
Die hellen linearen Formmuster des Himmels und der See entstehen durch kräftiges Aufsetzen und Wegziehen des ausgespülten, abgetrockneten und senkrecht zur Fläche aufgesetzten Pinsels. Versuchen Sie, die Formbildungen mit Ihrem Atemrhythmus zu verbinden, bis sich ein harmonischer Wechsel von lang und kurz, Konzentration und Ausdehnung findet.
Wiederholen Sie eine solche Übung, auch mit anderen Farbmischungen.
Von der Peripherie künstlicher Umwelten kehren Sie zu den Anfängen der Schöpfung zurück.

AM MEER
Größe des Originals 255 x 200 mm

Aquarellfarben (Ultramarin, Ocker, Siena gebrannt, Schwarz), 3 cm breiter Borstenflachpinsel (Modler). Das mit Wasser gesättigte Aquarellpapier gleichmäßig mit stark verdünntem Ocker grundieren.
In diese Grundierung mit schwingenden, kreisenden Bewegungen des Pinsels die Wolkenformationen mit einer Mischung aus Ultramarin und Schwarz einsetzen. Durch Zusatz von etwas Siena gebrannt erreicht man einen leichten Farbkontrast am Himmel.
Mit Ultramarin und etwas Schwarz von links nach rechts die Meeresfläche mit dem breit aufgesetzten Modler malen. Dabei den Pinsel ruhig und ohne Unterbrechung führen und darauf achten, daß die obere Schmalkante des Pinsels geschlossen ist und der Horizont völlig waagerecht liegt.
Den Pinsel dann abtrocknen, unmittelbar über der Wasserfläche links wieder ansetzen und die inzwischen ausgeblühte Farbe nach rechts von der Bildfläche abziehen. Diese Begrenzung der Meeresfläche läßt sich auch mit dem Papiertuch erreichen.
Die weichen Übergänge zwischen Wasser und Küste im Vordergrund entstehen von selbst durch das physikalische Verhalten von Wasser und Pigment. Durch Abtupfen und erneutes Auftropfen von Wasser oder etwas Ocker ergeben sich Strukturen, die dem Charakter einer von Wind und Wasser geprägten Urlandschaft entsprechen.
Ein mißlungenes Bild läßt sich unter fließendem Wasser ausspülen; restliche Farbspuren sind oft ein idealer Untergrund für die neue Arbeit.

Weite Horizonte, Ebene, Wasser und Raum: das Bildthema als Sinnbild der Freiheit.

DÜNE UND SANDFLÄCHE AUF AMRUM
Größe des Originals 355 x 345 mm

Aquarellfarben (Schwarz, Braun- oder Blautöne), 3 bis 4 cm breiter Modler, großer Aquarellpinsel. Die ganze Bildfläche wird mit einem sehr hellen, stark verdünnten Grauton grundiert. Danach die Horizontlinie festlegen mit dem von links nach rechts geführten, in voller Breite aufliegenden Modler. Dafür eine nicht zu intensive Farbkonzentration nehmen.
Der weiche Übergang zum Himmel läßt sich durch wiederholtes Übergehen mit dem ausgespülten und abgetrockneten Pinsel erzielen oder durch Wischen mit einem Papiertuch.
Ohne weitere Farbe aufzunehmen, jetzt in kreisenden Bewegungen die weichen Wolkenbildungen malen. Mit dem Maltuch den Papiergrund zur Darstellung der hellen Sandfläche freilegen. Bitte achten Sie aber darauf, das Tuch immer von links nach rechts ohne Abweichung von der Waagerechten zu führen. Nur so wird der Eindruck einer Ebene am Meer erreicht.

Bevor mit der detaillierteren Arbeit mit dem Aquarellpinsel begonnen wird, empfiehlt sich eine Vorübung auf Skizzenpapier, bei der vor allem die möglichen Strichmodulationen ausprobiert werden: ohne Druck senkrecht aufsetzen, leicht Druck geben, nach oben ziehen, Druck verringern, vom Papier abheben und die Bewegung in der Luft fortsetzen. So läßt sich eine zu feiner Spitze geschlossene Form erzielen.
Den Bewuchs der Düne (Gras, Strandhafer) in dunkler Farbmischung darstellen. Den Pinsel senkrecht aufsetzen und in einer schnellen Bewegung mit wechselndem Auflagedruck nach oben und etwas nach rechts ziehen. Gräser reagieren auf Wind. Die dunkle Farbe wird in der wässrigen Grundierung zunächst ausblühen, korrigieren Sie durch Abtupfen mit dem Maltuch.
In den trocknenden Untergrund dann einige mit Präzision geführte Striche in dunkler Farbe als Halmspitzen einsetzen.

DÜNE AUF AMRUM
Größe des Originals 235 x 170 mm

Aquarellfarben (Chromoxydgrün, Kobaltblau, Schwarz, Ocker, Umbra gebrannt), großer Aquarellpinsel, breiter Borstenflachpinsel.
Als Grundierung einen sehr wäßrigen Ockerton auf dem nassen Aquarellpapier ausfließen lassen. Aus dieser leicht wolkenförmigen Grundierung die Form der Düne im Vordergrund mit dem Maltuch herauswischen. Die obere Begrenzung entsteht durch das Auftragen einer Farbmischung aus Chromoxydgrün und Umbra gebrannt in stärkerer Konzentration: zunächst mit dem in Kurven geführten, flach aufgelegten Aquarellpinsel für die geschwungene Form der Sandwehung, dann ergänzend ein paar exakt waagerecht geführte Striche mit dem breiten Borstenflachpinsel. Schatten, vereinzelter Bewuchs im Sand der Düne werden in den noch feuchten oder wieder angefeuchteten Malgrund getupft.
Die weichen Formverläufe entsprechen der durch Wind und Wasser geformten Landschaft. Achten Sie auch hierbei auf die exakt geführte Waagerechte der Meeresfläche im Hintergrund.
Durch Zusatz von etwas Cadmiumgelb dunkel kann die Tönung des Sandes wärmer, leuchtender gestaltet werden.

SPIEGELUNG
Größe des Originals 300 x 205 mm

Temperafarben (Chromoxydgrün, Kobaltblau, Krapplack, Schwarz), Borstenflachpinsel. Mit einer Grundmischung aus Chromoxydgrün, etwas Schwarz und Kobaltblau mit dem Borstenflachpinsel eine waagerechte Linie ziehen, die von der linken Papierkante bis zum Ende der in den See ragenden Landzunge (im Mittelgrund der Bildfläche) reicht. Auf dem nassen Aquarellpapier beginnt die Farbe nach oben und unten auszublühen. Der gezogene Strich markiert die Trennlinie zwischen Wasser und Land. Sie kann mehrfach nachgezogen werden, wenn die Farbintensität verstärkt werden soll. Mit senkrecht nach oben gezogenen kurzen Strichen dunklere Grüntöne und etwas Violett (Mischung aus Krapplack, Kobaltblau und etwas Schwarz) in die nach oben ausgeblühte Farbe der Waagerechten setzen. Das läßt die Landformation plastischer wirken. Die Form der Bäume oben durch Abtupfen mit einem Papiertuch begrenzen. Die Waagerechte des Wasserspiegels durch erneutes Auftragen der grünen Grundmischung verbreitern. Dabei den Flachpinsel genau waagerecht führen und dann auch die Formen der Spiegelung durch Abtupfen begrenzen.
Die in der Ferne sichtbare Bergformation mit der stark verdünnten Grundmischung hinzufügen.
Die Begrenzungslinie zwischen Fels und Wasser entsteht durch Wegziehen der Farbe mit dem ausgespülten und abgetrockneten Modler. Achten Sie darauf, den Wasserspiegel genau waagerecht zu malen.

FELS UND MEER
Größe des Originals 270 x 200 mm

Aquarell- oder Temperafarbe (Umbra gebrannt, Siena gebrannt, Schwarz, Ultramarin, Preußischblau), großer Aquarellpinsel, Flachpinsel.
Die Umrisse der großen Felsformationen mit dem Bleistift dünn andeuten. Dann auf dem trockenen Aquarellpapier die vorgezeichneten Formen mit einer Mischung aus stark verdünnter Umbra gebrannt, etwas Schwarz und Siena gebrannt mit dem breiten Flachpinsel ausfüllen. Schatten, Risse und Mulden entstehen durch farbintensivere Einsprengsel, die in die noch nasse Grundfarbe getupft werden.
Versuchen Sie aber, nicht an Einzelheiten zu haften, sondern ein inneres Bild zu entwickeln, das den geometrisch-kristallinen, jedoch von geschwungenen Abweichungen durchsetzten Formrhythmus eines Felsens wiedergibt.
Die Brandung in einer Mischung aus Blau und etwas Schwarz durch wenige, mit dem breit aufgesetzten Flachpinsel konkav geführte Striche malen. Das Papierweiß zwischen den Strichlagen stehen lassen, um Schaumkronen anzudeuten.
Für den Himmel den gleichen Farbton wie für das Wasser nehmen, aber in ruhigen waagerechten Strichlagen auftragen.
Die Horizontlinie mit einem schmalen Borstenflachpinsel durch einen von links nach rechts geführten Strich einsetzen.
Bei diesem Bild wurden die zusätzlichen zeichnerischen Strukturen in dunkler Farbe mit dem Pinselstiel eingefügt. Eine sparsame Vor- oder Nachzeichnung mit Wachsmalkreide in Umbratönen kann einer solchen Bildkomposition in ähnlicher Weise Halt verleihen.
Vergleichen Sie diese Übung mit dem Bildthema „Spiegelung" von Seite 77, dann erkennen Sie, wie Stille oder dramatische Bewegtheit eines Bildes vom Rhythmus Ihrer eigenen „Handschrift" abhängen; diese wiederum ist Ergebnis erreichter oder verfehlter Verbindung mit dem Naturbild.

ARCHITEKTUR UND VEGETATION

Wie bereits auf Seite 64 erwähnt, gilt es, in der meditativen Konzentration und Betrachtung das Wesentliche einer Landschaftsstruktur zu erfassen. Es sind also nicht die Einzelheiten, auf die wir uns konzentrieren, sondern wir müssen unsere Aufmerksamkeit auf die Beziehung zwischen kristallischer und organischer Formbildung in großen Zügen und Zusammenhängen richten.
Wenn die Sensibilität dafür gestärkt ist, wird sich auch in der Gestaltung eine harmonische Einheit einstellen.

Übung einer Einzelform, vgl. Anleitung auf Seite 82.

LANDSCHAFT
Größe des Originals 305 x 275 mm

Aquarellfarben (Ocker, Krapplack, Blau, Chromoxydgrün, Siena, Schwarz), Wachsmalkreide (Orange).
Um den Bildaufbau zu diesem Thema in einzelnen Schritten zu erläutern, ist nur das charakteristische Gefüge der Komposition festgehalten.
Mit einem Wachsmalkreideblock werden auf dem trockenen Aquarellpapier in rhythmisch verbundener Bewegung architektonische Blöcke aus Senkrechten und Waagerechten und einigen diagonalen Verbindungen vorgezeichnet. Die Kreide mit ganzer Breite aufsetzen und mit wechselndem Druck die Formverläufe betonen.
Der erste Farbauftrag mit Aquarellfarbe (ockerorangefarben) folgt der Vorzeichnung, verändert und überspielt sie auch gelegentlich. Das geometrische Formsystem beginnt sich herauszukristallisieren. Die Kreidestrukturen und der frei gleitende Pinselstrich sorgen für Auflockerung der strengen geraden Formverläufe.
Wenige dunklere Tupfer deuten Fensteröffnungen, Dachstrukturen, Mauern und Schatten an.
Der Baum im Vordergrund gibt dem konstruktiven Bildaufbau die organische Ergänzung; die Vorübungen dazu beginnen auf den folgenden Seiten.
Anregung zu dieser Komposition war eine Landschaft in Südfrankreich, der selten gewordene glückliche Einklang von Bauwerk und Natur.
In einem nächsten Schritt könnte man nun die Formzusammenhänge weiter auffächern, die Farbkontraste durch Halbtöne mildern, die weißen Flächen mit neutralem hellen Grau dämpfen und verbinden. Sollte man?

BAUM – ÜBUNG EINER EINZELFORM
Verdünnte Aquarellfarbe, großer Aquarellpinsel. Den gefüllten und zur Spitze geschlossenen Pinsel am unteren Bildrand senkrecht aufsetzen und bei gleichbleibendem Druck bis zum Ende des Stammes nach oben ziehen. Danach die Astgabelungen ansetzen (vgl. Abb. Seite 80).
Für die Baumkrone den Pinsel schräg bis waagerecht zum Papier aufsetzen; die Pinselspitze markiert die obere Begrenzungslinie der Form. Ein einziger, konvex von links nach rechts gebogener Strich und wenige begleitende Tupfer ergeben die charakteristische Silhouette des Baums (Pinie). In der meditativen Darstellung folgen Sie auch hier der natürlichen Entfaltung formaler Energie: von unten nach oben, von der Wurzel zur Krone. Es kommt darauf an, den Typus eines Baumes zu erkennen und festzuhalten.

ABWANDLUNG DIESER ÜBUNG

In gleicher Abfolge, aber nur mit Malwasser die Form festlegen. Aquarell- oder Temperafarbe in die angefeuchtete Silhouette ausfließen lassen. In einer weiteren Übung dasselbe mit leicht verdünnter Ausziehtusche oder Scribtol wiederholen. Es ergeben sich dem vegetativen Wachstum verwandte Strukturen und Hell-Dunkel-Kontraste, wie die Abbildung links unten zeigt.

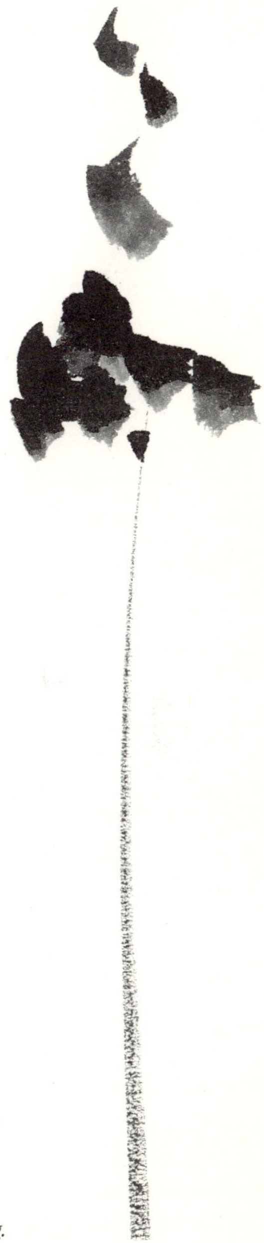

Grasblüte

Eine einzige, blitzschnell mit dem spitzen Aquarellpinsel gezogene Achse und wenige, rechts und links davon gemalte Tupfer genügen. Bei allen Darstellungen kommt es auf den Wechsel von lang und kurz, dick und dünn, Reihung und Vereinzelung an, – losgelöst vom Hang zur schematischen Begradigung.

PALMEN
Größe des Originals 20 x 155 mm

Aquarellfarbe (Schwarz oder Grün), großer Aquarellpinsel. Das Aquarellpapier leicht anfeuchten. Für den Stamm den mit verdünnter Farbe gefüllten und zur Spitze geschlossenen Pinsel an der unteren Papierkante senkrecht aufsetzen und mit gleichmäßigem leichten Druck in schneller Bewegung nach oben ziehen.
Den erneut gefüllten und zur Spitze geformten Pinsel am oberen Ende des Stammes ansetzen und von innen nach außen in rhythmisch verbundener Strichführung die Blattformen anfügen.
Üben Sie diesen Ablauf immer wieder, um so das Typische einer bestimmten Baum- oder Pflanzen-

art zu erarbeiten. Die leicht asymmetrischen Blattanordnungen ergeben sich bald von selbst. Um den Erdboden anzudeuten, genügen einige waagerecht geführte Striche auf dem noch feuchten Papier.

Landschaft mit Palmen (Grasse): statische Grundformen der Architektur und die Kurven der Vegetation als optische Einheit.

LANDSCHAFT MIT PALMEN (Abb. Seite 85)
Größe des Originals 200 x 265 mm

Aquarellfarben (Kobaltblau, Chromoxydgrün, Umbra gebrannt, Schwarz), Deckweiß, breiter Borstenflachpinsel (Modler), Aquarellpinsel.
Das angefeuchtete Aquarellpapier mit einer Mischung aus stark verdünntem Deckweiß und einer Spur Kobaltblau, Chromoxydgrün und Schwarz mit dem breiten Flachpinsel gleichmäßig grundieren.
Das Papier etwas auftrocknen lassen. Es muß aber noch genügend Feuchtigkeit erhalten bleiben, um beim nachfolgenden Farbauftrag weiche Übergänge zu ermöglichen.
Dann am oberen Bildrand mit dem breit aufgelegten Flachpinsel von rechts nach links die obere Begrenzung der hellen Häuser (Himmel) in einer Mischung aus Kobaltblau, etwas Schwarz und Chromoxydgrün auftragen.
Die in das Innere der Fassaden ausblühende Farbe mit dem Maltuch aufsaugen.
Mit verdünnter Umbra und etwas Schwarz die Fensteröffnungen durch je einen Strich mit dem schräg aufgesetzten Aquarellpinsel andeuten.
Die Palmen in einem Zuge mit dem senkrecht gehaltenen Aquarellpinsel einsetzen (vgl. Malanleitung auf Seite 84). Die Form der Blätter ergibt sich durch Aufsetzen mit der Spitze, Druckverstärkung, Druckverringerung und Abheben des wieder zur Spitze geformten Pinsels. Den Grünton durch etwas Umbra dämpfen. Achten Sie auf die Geraden der Architektur und die Bogenlinien der Vegetation.
Diese Übung, in der statische und dynamische Formverläufe kombiniert wurden, läßt sich mit vielen Abwandlungen wiederholen.

BLÜTE
Abbildung in Originalgröße

Aquarellfarbe (Cadmiumgelb, Cadmiumrot), großer Aquarellpinsel.
Das nach unten links gerichtete, ganz sichtbare Blütenblatt ist die Grundform, aus der sich mit kleinen natürlichen Abweichungen die Blüte zusammensetzt.
Den mit verdünnter Aquarellfarbe gefüllten Pinsel ohne Druck senkrecht aufsetzen, Druck geben, nach außen ziehen, den Druck wieder verringern, dann den erneut zur Spitze geschlossenen Pinsel vom Papier abheben.
Nur so ist eine geschlossene Blütenblattspitze zu erreichen. Die Pinselbewegung folgt dem Wachstum der Blüte, von der Basis bis zur Blattspitze.

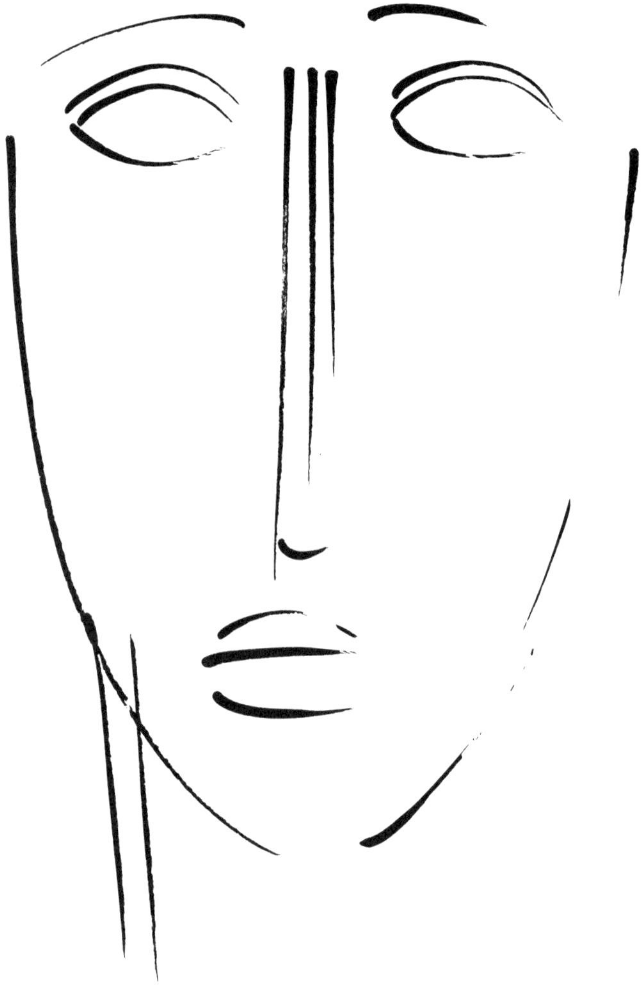

Zeichnerische Vorübung
Kopf en face, senkrechte und konkav-konvex gebogene Kraftlinien, mit Stift oder Kreide gezogen.

DAS ARCHAISCHE ANTLITZ DES MENSCHEN

Die Sehnsucht des einzelnen, unter allen Verstellungen und kosmetischen Manipulationen sein natürliches Selbst oder das eines anderen Menschen herauszufinden, war nie größer als gegenwärtig. Das meditative Malen und Zeichnen richtet sich auf Primärstrukturen der Natur, also auch auf die wesentlichen Merkmale des Menschen. Es mag überheblich klingen, doch schließlich liegt in der so reduzierten Darstellung eines Kopfes – wie ich meine – der Anfang von Selbstbesinnung. Sobald das effektvoll Gefällige dem ursprünglichen Ausdruck weicht, reflektieren Form und Farbe eine innere Einstellung und die Konzentration auf das Wesentliche.

KOPF EN FACE
Größe des Originals 290 x 420 mm

Aquarellfarben (Cadmiumgelb, Cadmiumrot, Ultramarin), Stearinblock oder helle Wachsmalkreide, 4 cm breiter Flachpinsel, Ringpinsel.
In meditativer Konzentration versuchen wir, uns den ursprünglichen Ausdruck eines menschlichen Gesichts vorzustellen: Einfachheit und Größe des Ausdrucks wie der Form, frei von allen zivilisatorischen Masken und Verfremdungen.
Die zeichnerischen Vorübungen haben uns geholfen, die vielschichtigen Formen eines Kopfes auf die entscheidenden Ausdruckslinien zu reduzieren.
Die zur Orientierung dienende zarte Bleistiftvorzeichnung kräftig mit dem Stearinblock oder mit heller Wachsmalkreide nachzeichnen. Die Kreide mit wechselndem Druck aufsetzen, Striche nach den Seiten hin abschwächen, um allzu harte Formbegrenzungen zu vermeiden. Zur Kontrolle

Wir sind Teil einer kosmischen Konstellation. Auch das menschliche Antlitz spiegelt den Formkanon der Natur.

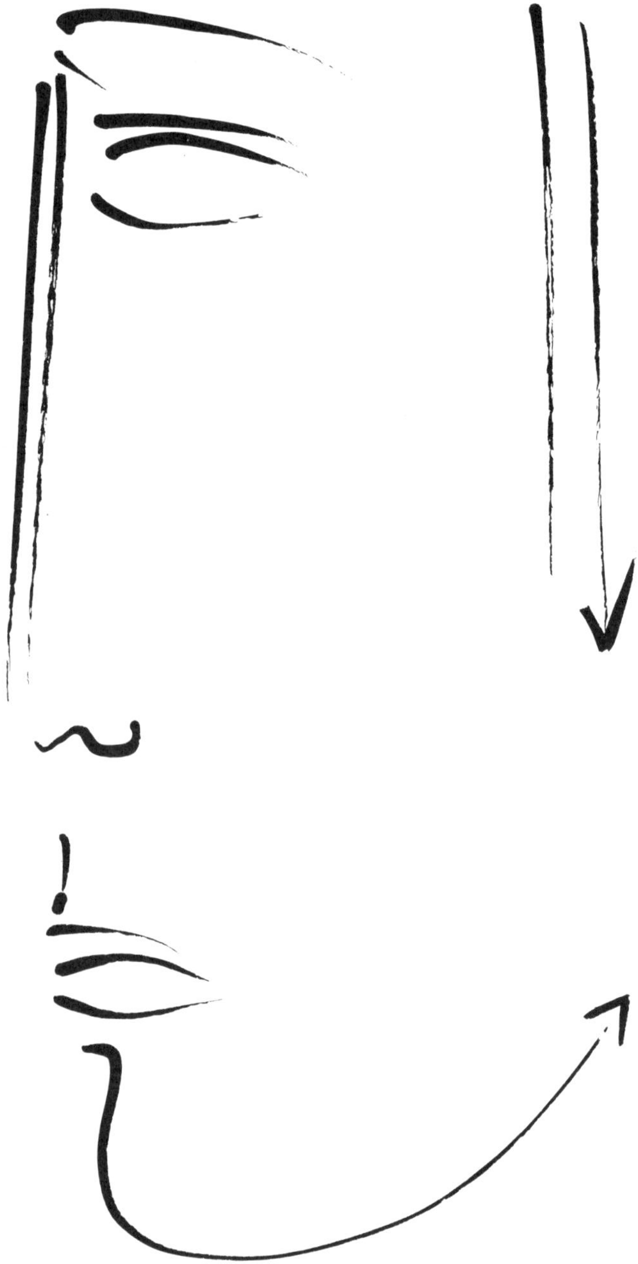
Kopf im Profil
Zeichnerische Vorübung mit Stift oder Kreide.

das Papier flach gegen das Licht halten: Es soll sich eine glänzende Stearin- oder Kreideschicht auf dem Papier gebildet haben, die die Kraftlinien der Kopfform festhält.
Das Aquarellpapier jetzt ca. fünf Minuten in Wasser einweichen, bis es seine Leimspannung verloren hat und sich glatt ausbreiten läßt.
Das Papier dann herausnehmen und auf der Glasplatte ausbreiten. Darauf achten, daß es keine Wellen und Luftblasen bildet. Auf der Oberfläche bleibt ein durchgehender gleichmäßiger Wasserfilm sichtbar.
Jetzt mit dem breiten Flachpinsel die gesamte Papierfläche mit einer ersten Farbschicht aus sehr wäßrigem Gelb-Orange überziehen. Die Konturen des Gesichts tauchen hell aus der fließenden Farbe hervor.
Mit einem Ringpinsel (Rundpinsel mit ca. 2 cm Durchmesser) die Silhouette des Kopfes durch Abtönen und Abdunkeln des Hintergrundes eingrenzen. Mit einem feineren Pinsel die Form des Auges und Mundes betonen.
Weiche malerische Begleitlinien neben und über der Wachszeichnung integrieren das zeichnerische Formgerüst in die Bildfläche. Immer wieder Wasser auf die Bildfläche geben, um die fließenden Übergänge der Farben zu bewahren. Durch Abtupfen mit dem Mallappen oder Papiertuch ergeben sich lebendige Hell-Dunkel-Kontraste: Formverdichtung und Formauflösung.

KOPF IM PROFIL
Größe des Originals 290 x 420 mm

Nach den zeichnerischen Vorübungen wiederholt sich bei diesem Bild der oben beschriebene technische Malvorgang, jedoch in abweichender Farbwahl, wie aus der Abbildung hervorgeht.

Von Hell zu Dunkel bilden die fließenden Farben das Potential, aus dem der Kopf hervortritt, ohne als endgültige abgelöste Form zu erstarren. Die Entwicklungsstadien des Bildes bleiben erhalten.

DER KÖNIG VON ATLANTIS
Größe des Originals 290 x 420 mm

Aquarellfarben (Ultramarin, Schwarz, Chromoxydgrün, Krapplack), Stearinblock oder 3 cm breites weißes Kerzenstück, Flachpinsel.
Den Kopf dünn mit Bleistift vorzeichnen (vgl. zeichnerische Vorübung Seite 90). Die Vorzeichnung in kräftigen Strichlagen mit dem Wachsstück nachzeichnen. Nur die wesentlichen Kraftlinien betonen.
Auch in den Hintergrund weitere Wachsstrukturen setzen, um dadurch die einzelnen Bildelemente aneinanderzubinden und ein lebendiges Oberflächenmuster zu erzielen.
Das Aquarellpapier anschließend wieder wie üblich im Wasser einweichen, bis es sich spannungsfrei auf der Glasplatte ausbreiten läßt.
Eine mit sehr viel Wasser verdünnte Mischung aus Ultramarin, Krapplack, etwas Chromoxydgrün und Schwarz über die gesamte Bildfläche ziehen. Die Konturen des Kopfes treten leuchtend aus der Grundierung hervor. Zu dunkle Töne innerhalb des Gesichtes mit dem Mallappen oder Papiertuch ablöschen. Den Hintergrund des Kopfes abdunkeln und konzentriertere Farbe in die Augenpartie setzen.
Mit dem Flachpinsel ein Gefüge aus geometrisch gewinkelten Linien oberhalb des Auges malen: Zeichen der Krone, kompositorischer Ausgleich zu den frei fließenden Farbwolken, Brücke zur strengen Senkrechten der vorderen Profilbegrenzung.
Versuchen Sie stets, auf elementare Kraftlinien reduzierte Gesichter darzustellen.

König von Atlantis

Löse die Fessel
an deinem Fuß.

Gelöschte Sterne
sinken mit dir
tiefer und tiefer
herab.

Nur die Phosphorsonne
bleibt,
das Licht
der frühen Stufen,
und dein Tod
ist die strahlende
Rückkehr zugleich.

MUT ZU EIGENER KREATIVITÄT

Obwohl meditatives Malen in der hier vorgestellten Form, in erster Linie einem tieferen Naturverständnis dienen soll, führt es doch gleichzeitig zu individuellem schöpferischen Ausdruck, eben aus der Mitte einer Übereinstimmung mit dem Rhythmus des Natürlichen.
Dabei kommt es darauf an, daß Sie aus eigener Kraft Zugang und Bedeutung finden, daß Sie selbständige Ausdrucksweisen entwickeln und auch gelten lassen. Dieses Buch darf somit nicht als einengende Handlungsanweisung verstanden werden.
Es stellt einen Ausschnitt meiner Erfahrungswelt als Maler vor, meine Schritte auf dem Weg zu einem, wie ich hoffe, für Sie und mich gemeinsam bedeutungsvollen Ziel. Mit Hilfe der Übungsmodelle versuche ich, wie schon gesagt, Gesetzmäßigkeiten zu erfassen, die allen Naturerscheinungen zugrundeliegen, und zwar über eine rein rationale Erkenntnis hinaus. Gelingt das am einzelnen Beispiel, werden Ihre dadurch angeregten Übungsfolgen dennoch anders ausfallen; sie sollen und können nicht in der Kopie eines Vor-Bildes stecken bleiben. Meine Arbeit kann schließlich nicht mehr sein, als ein Impuls zu ureigenen Erfahrungen Ihrer Person.

Man hat mich gefragt, ob die Praxis des meditativen Malens auch auf komplexere Themen (figürliche Darstellungen, Landschaften, Interieurs) zu übertragen sei. Ja, aber entscheidend scheint mir doch zunächst das Elementare, die Rückkehr zur Basis jeder Auffächerung. Ein anspruchsvolleres Thema zumindest kann ich mir kaum vorstellen. Andererseits ergeben sich aus der intensiven Beschäftigung mit Farbe und Form allgemeine maltechnische und gestalterische Kompetenzen, die uns bei jeder kreativen Aufgabe zustatten kommen.

Noch ein letztes: Schreiben Sie mir Ihre Kritik oder Zustimmung, lassen sie den vielleicht durch dieses Werkbuch entstandenen ersten Kontakt nicht abreißen. Vieles spricht dafür, daß die Qualität unserer Zukunft eher vom Ausbau kreativ künstlerischer Lebensformen, als vom technisch-wissenschaftlichen Fortschritt abhängen könnte.

Klaus Bertelsmann
c/o Christophorus-Verlag
Hermann-Herder-Straße 4
D-7800 Freiburg

LITERATURHINWEISE

Eine kleine Auswahl von Büchern zur ergänzenden Information:

Bertelsmann, Klaus: Der Weg zum meditativen Zeichnen. 1987, Christophorus-Verlag, Freiburg.

Doerner, Max: Malmaterial und seine Verwendung im Bilde. Ferdinand Enke Verlag, Stuttgart.

Buber, Martin (Hrsg.): Tschuang-Tse-Reden und Gleichnisse. Manesse Verlag, Zürich.

Dürckheim, Karlfried von: Meditieren – wozu und wie? Herder Verlag, Freiburg.

Feininger, Andreas: Die Magie der Natur. Econ Verlag, Düsseldorf.

Ferris, Timothy: Galaxien. Birkhäuser Verlag, Basel

Bloßfeldt, Karl: Urformen der Kunst. Harenberg-Verlag, Dortmund.

Hirayama, Hakubo: Japanische Tuschmalerei. Die Technik des Sumi-e, ein Anleitungsbuch, herausgegeben von Klaus Bertelsmann. Christophorus-Verlag, Freiburg.

Kitlitschka, Werner: Natur und Kunst, gestern, heute, morgen. In Kunstforum international Bd. 93. Köln.

Lötsch, Bernd: Biologie der Schönheit – Ästhetik und Architekturkritik. In Kunstforum international Bd. 93. Köln.

Der Autor

Klaus Bertelsmann ist Maler, Zeichner, Lehrer für Körpersprache und Ausdrucksschulung. Er arbeitet in der Erwachsenenbildung und an Kunsthochschulen. Als Gutachter des Deutschen Bildungsrates, durch zahlreiche Veröffentlichungen und Vorträge hat Klaus Bertelsmann seine Modelle für kreatives Lernen vorgestellt. Den Sinn seiner künstlerischen und pädagogischen Arbeit sieht er darin, den einzelnen zu eigener Seinsbestimmung zu ermutigen, ihm zu helfen, Stille und Konzentration zu finden.

Von Klaus Bertelsmann ist bereits erschienen: „Der Weg zum meditativen Zeichnen – Ein Werkbuch".

Die Deutsche Bibliothek – CIP-Einheitsaufnahme

Bertelsmann, Klaus:
Faszination Farbe: der Weg zum meditativen Malen; ein Werkbuch der Aquarellmalerei/Klaus Bertelsmann. – 3. Aufl. – Freiburg im Breisgau: Christophorus-Verl., 1992
ISBN 3-419-52718-7

Redaktion und Layout: Theda Schulze-Langendorff
Umschlaggestaltung: Michael Wiesinger
Fotos: Seite 9, 10, 11: Judith Bertelsmann.
Klaus Bertelsmann dankt seinen Schülern Monika Schwarz (Abb. Seite 9 und 11), Christian Lange (Abb. Seite 87) und Jan Heintel (Abb. Seite 48) für die Unterstützung seiner Arbeit.
Alle übrigen Zeichnungen, Übungen, Aquarell- und Temperabilder: Klaus Bertelsmann

Satz: Druckerei Rebholz GmbH, Freiburg i. Br.

Druck und Verarbeitung: Konkordia Druck GmbH, Bühl (Baden) 1992.